CB071920

8503007991

INAE
INSTITUTO NACIONAL DE ALTOS ESTUDOS

FÓRUM ESPECIAL
Projeto de Brasil
Opções de país e opções de desenvolvimento
21 de setembro de 2006

PATROCÍNIO

GRANDES BENEMÉRITOS

ipea Instituto de Pesquisa Econômica Aplicada

BID BANCO INTERAMERICANO DE DESENVOLVIMENTO

BANCO MUNDIAL

BNDES
O BANCO DO DESENVOLVIMENTO DE TODOS OS BRASILEIROS

FINEP
FINANCIADORA DE ESTUDOS E PROJETOS
MINISTÉRIO DA CIÊNCIA E TECNOLOGIA
APOIO DO FNDCT

BANCO DO BRASIL

BR PETROBRAS

CAIXA
CAIXA ECONÔMICA FEDERAL
BRASIL
UM PAÍS DE TODOS
GOVERNO FEDERAL

Eletrobrás

Telefónica

ODEBRECHT

Companhia Vale do Rio Doce

IBMEC
MERCADO DE CAPITAIS

Banco do Nordeste
O nosso negócio é o desenvolvimento

SEBRAE

CORREIOS

EMBRAER

Bradesco

CNI

PATROCINADORES ESPECIAIS

FIRJAN
CIRJ
SESI
SENAI
IEL

FIESP

gradiente

ULTRA

Apoio Cultural: ORDEM DOS ECONOMISTAS DO BRASIL

Agradecimento: PREVI

INSTITUTO NACIONAL DE ALTOS ESTUDOS - INAE
RUA SETE DE SETEMBRO, 71 - 8º ANDAR - CENTRO - CEP: 20050-005 - RIO DE JANEIRO / RJ
TEL: (21) 2507-7212 - FAX: 2232-4667 - e-mail: inae@inae.org.br - site: www.inae.org.br

Projeto de BRASIL
opções de país
opções de desenvolvimento

João Paulo dos Reis Velloso
Roberto Cavalcanti de Albuquerque
(COORDENADORES)

Projeto de BRASIL
opções de país
opções de desenvolvimento

Sonia Rocha
Cláudio R. Frischtak
César Benjamin
Cristovam Buarque
Marco Aurélio Garcia
João Carlos de Souza Meirelles

JOSÉ OLYMPIO
EDITORA

© João Paulo dos Reis Velloso, Roberto Cavalcanti de Albuquerque, Sonia Rocha, Cláudio R. Frischtak, César Benjamin, Cristovam Buarque, Marco Aurélio Garcia, João Carlos de Souza Meirelles, 2006

Reservam-se os direitos desta edição à
EDITORA JOSÉ OLYMPIO LTDA.
Rua Argentina, 171 – 1º andar – São Cristóvão
20921-380 – Rio de Janeiro, RJ – República Federativa do Brasil
Tel.: (21) 2585-2060   Fax: (21) 2585-2086
Printed in Brazil / Impresso no Brasil

Atendemos pelo Reembolso Postal

ISBN 85-03-00799-1

Capa: LUCIANA MELLO & MONIKA MAYER

CIP-Brasil. Catalogação-na-fonte
Sindicato Nacional dos Editores de Livros, RJ.

P958   Projeto de Brasil: opções de país, opções de desenvolvimento / João Paulo dos Reis Velloso e Roberto Cavalcanti de Albuquerque (coordenadores); Sonia Rocha... [et al.]. – Rio de Janeiro: José Olympio, 2006.

Textos apresentados e discutidos no painel II do Fórum Especial, realizado em setembro de 2006 no Rio de Janeiro, teve como tema básico "Projeto de Brasil – opções de país e opções de desenvolvimento".
Relacionado com: Brasil, um país do futuro

ISBN 85-03-00799-1

1. Desenvolvimento econômico – Brasil. 2. Brasil – Condições econômicas. 3. Brasil – Condições sociais. 4. Brasil – Política e governo. I. Velloso, João Paulo dos Reis, 1931- . II. Albuquerque, Roberto Cavalcanti de, 1939-.

06-4143

CDD – 338.981
CDU – 338.1(81)

SUMÁRIO

Introdução: Brasil: opções de país e opções de desenvolvimento 7
João Paulo dos Reis Velloso

PROJETO DE BRASIL:
OPÇÕES DE PAÍS E OPÇÕES DE DESENVOLVIMENTO

PRIMEIRA PARTE
PROJETO DE BRASIL

Idéias para a agenda do próximo governo: Projeto de Brasil — opções de país e opções de desenvolvimento (nascido do diálogo entre Estado e sociedade) 13
João Paulo dos Reis Velloso

SEGUNDA PARTE
EMPREGO E INCLUSÃO DIGITAL: PRIORIDADES NACIONAIS

A questão do emprego: mais ocupação e renda com justiça social 119
Sonia Rocha e Roberto Cavalcanti de Albuquerque

Inclusão digital para o desenvolvimento econômico e a transformação social 157
Cláudio R. Frischtak

TERCEIRA PARTE
O PROJETO BRASIL E OS PROGRAMAS DOS CANDIDATOS À PRESIDÊNCIA DA REPÚBLICA

A visão de Heloísa Helena — 187
César Benjamin

A visão de Cristovam Buarque — 195
Cristovam Buarque

A visão de Luiz Inácio Lula da Silva — 203
Marco Aurélio Garcia

A visão de Geraldo Alckimin — 215
João Carlos de Souza Meirelles

Introdução

Brasil: opções de país e opções de desenvolvimento

*João Paulo dos Reis Velloso**

---

*Coordenador-geral do Fórum Nacional (Inae), presidente do Ibmec — Mercado de Capitais, professor da EPGE (FGV). Ex-ministro do Planejamento.

ESTE LIVRO PUBLICA OS TEXTOS apresentados e discutidos no Painel II do Fórum Especial em setembro passado (2006), cujo tema básico foi "Projeto de Brasil — opções de país e opções de desenvolvimento" (Idéias para uma agenda do novo governo).

O Brasil está em crise de auto-estima.

Sem aprofundar o assunto, mencionem-se: o "circo de horrores" da crise política, que não acaba; a perda de *know-how* do alto crescimento, a perda de posição com referência aos emergentes, excesso de pobreza e desemprego, alta desigualdade, alta informalidade; "Crime sem castigo"[1], barbárie e terror urbano na área de segurança pública. Claro, há também os aspectos favoráveis, tanto na área econômica quanto na social, e a sociedade civil está ativa, há esforço de governo.

Esse cenário de sombra e luz (muita sombra) coloca a dúvida: Para onde vai o país? É o Brasil viável, como projeto de desenvolvimento e como tipo de sociedade?

Encontra-se na abertura do livro uma proposta do Fórum Nacional para a agenda do novo governo — o que estamos chamando *Projeto de Brasil — opções de país e opções de desenvolvimento*. Ocioso dizer, o que se apresenta aí é um embrião, ou esboço. São idéias. Porque o "Projeto de Brasil" deve ser construído através do diálogo entre governo e sociedade.

Em seguida, dois *papers* complementares, um sobre emprego e outro sobre inclusão digital, que são parte integrante do "projeto".

---
[1] Revista *Época*, 24/4/2006, p. 30.

Em terceiro lugar, a manifestação, sobre o "projeto", dos coordenadores dos programas dos quatro principais candidatos à presidência da República nas eleições de 1º de outubro último.

Continua, assim, o Fórum Nacional procurando cumprir sua missão, definida desde que foi criado, em 1988 — propor ao país idéias para a modernização e o desenvolvimento do Brasil — em caráter pluralista e objetivando convergências.

PRIMEIRA PARTE
PROJETO DE BRASIL

Idéias para a agenda do próximo governo:
Projeto de Brasil — opções de país
e opções de desenvolvimento
(nascido do diálogo entre Estado e sociedade)

*João Paulo dos Reis Velloso**

---

*Coordenador-geral do Fórum Nacional (Inae), presidente do Ibmec — Mercado de Capitais, professor da EPGE (FGV). Ex-ministro do Planejamento.

> "Eu quase que nada sei,
> mas desconfio de muita coisa".
>
> Riobaldo Tatarana, em *Grande sertão: veredas*, de Guimarães Rosa*

HOMENAGEM DO FÓRUM NACIONAL
AOS 50 ANOS DE PUBLICAÇÃO DO LIVRO**

---

*João Guimarães Rosa, *Grande sertão: veredas*, Rio de Janeiro: Livraria José Olympio Editora, 1956.
**A citação constitui o lema do Fórum Nacional desde o primeiro, em 1988.

"Subdesenvolvimento não é destino.
A pobreza é fruto de escolhas erradas."[1]

INTRODUÇÃO

O BRASIL COMO "PROMETEU ACORRENTADO" — E A NECESSIDADE DE UM "PROJETO DE BRASIL"

É hora de fazer uma reflexão, neste país de progressos e retrocessos, de luz e sombra (muita sombra), para entendermos melhor por que o Brasil não consegue realizar o seu grande potencial — econômica, social e politicamente. E como tipo de sociedade.

Na introdução ao seu *Brasil, um país do futuro*[2], Stefan Zweig afirma que o Brasil parecia haver resolvido bem um problema central de toda "comunidade, toda nação" — o tipo de sociedade: "(...) como poderá conseguir-se no mundo viverem os entes humanos pacificamente uns ao lado dos outros, não obstante todas as diferenças de raças, classes, pigmentos, crenças e opiniões?"

E acrescenta (referindo-se ao Brasil): "Percebi que havia lançado um *olhar para o futuro* do mundo" (grifo nosso).

De lá para cá, mudou o mundo e mudou o Brasil.

Na área econômica, tivemos, principalmente de 1950 a 1980, a explosão do crescimento. E de 1956 a 1980, três momentos de alto crescimento (Plano de Metas, período do "Milagre" e II Plano Nacional de Desenvolvimento — PND). Como referência: na altura de 1977/1978, quando houve a desaceleração

---
[1]Steven Davis, professor da Universidade de Chicago, revista *Exame*, 1/1/1997.
[2]Stefan Zweig, *Brasil, um país do futuro*, Ed. Guanabara, 1941 (a Ediouro acaba de lançar uma nova edição).

maior da economia, por causa dos efeitos da crise do petróleo, o crescimento se situou no patamar de 5% a.a.). E a Fundação Getúlio Vargas (FGV) cunhou a expressão: "recessão de crescimento". Vejam: 5%.

Naquele mesmo período — de 1950 a 1980 —, além da explosão do crescimento, tivemos três outras explosões:

- Explosão da urbanização.
- Explosão demográfica.
- Explosão da política de massas.

Essas explosões se interligam. E, até 1980, não tinha havido tempo para assimilá-las.

Então, na segunda metade dos anos 1980, tivemos a "desconstrução" do crescimento; o esforço de busca de uma nova estratégia de desenvolvimento, com as transformações conhecidas dos anos 1990 — sempre perseguidos pelo baixo crescimento; criamos as novas famílias de políticas macroeconômicas, a partir de 1999, e iniciamos nova tentativa depois de 2003. Houve o crescimento de 5% em 2004, a desaceleração de 2003, e para este ano a previsão do governo é de "crescimento morno" (3 a 4%).

Até o Fundo Monetário Internacional (FMI) reclama: na recente reunião conjunta do FMI-Banco Mundial (Bird), o diretor-adjunto do Departamento de Pesquisa do FMI classificou de "decepcionante" o crescimento do Brasil.[3]

Enquanto isso, a explosão da política de massas continuava, e até se acelerou. Por outro lado, estava ocorrendo a emergência de uma sociedade mais ativa, embora ainda de forma incompleta.

Chegou o momento de refletir sobre por que o país perdeu o *know how* de alto crescimento.

E refletir também sobre a perda de posição do Brasil em relação aos outros grandes emergentes, principalmente China e Índia, e por que crescemos menos que a média dos emergentes, a média dos desenvolvidos, a média da América Latina, a média mundial.

Refletir ainda sobre as nossas anomalias sociais (em boa medida ligadas à falta de crescimento): excesso de desemprego, oceano de informalidade,

---

[3]Ver *Gazeta Mercantil*, 20/9/2006, primeira página.

excesso de pobreza (para nosso nível de renda *per capita*), excesso de desigualdade.

Refletir, igualmente, sobre o "circo de horrores" da invasão bárbara que traz a interminável crise política (ao superescândalo do "mensalão" seguindo-se o superescândalo dos "sanguessugas", e agora o superescândalo do "dossiê Freud"). Crise de raízes estruturais, e não apenas conjunturais: há algo de errado no sistema político do país e em parte das instituições do Estado, além da nossa dificuldade em saber lidar com a explosão da política de massas.

E, em conseqüência, as instituições democráticas funcionam, mas a democracia brasileira vai mal, obrigado.

Refletir, ainda, sobre o "crime sem castigo" — a invasão de bárbaros na área de segurança pública, onde o poder paralelo revela, a cada dia, mais confiança em si mesmo. Conseqüência da falta de prioridade que o país (e principalmente os estados da federação) atribui ao problema.

Claro, há também aspectos favoráveis, tanto na área econômica quanto social, e a sociedade civil está mais ativa, e há o esforço do governo.

Mas, nesse cenário de sombra e luz, o resultado são duas questões: para onde vai o Brasil, para onde vai o desenvolvimento brasileiro? É o Brasil como "Prometeu acorrentado", em face de incapacidade nacional de realizar o seu potencial — econômico, social, político, cultural. E como tipo de civilização.

E duas anomalias.

De um lado, a "era das expectativas limitadas."[4] O Brasil, hoje, se contenta com pouco. Mas, por trás, há uma crise de auto-estima. O brasileiro tem pena de si mesmo, e se afasta da política — o que é um *boomerang*.

De outro lado, temos o drama da *geração de brasileiros que, praticamente, não viu o Brasil crescer* (em termos de renda *per capita*).

Daí a importância — e necessidade — de um "projeto de país", para discutir as "opções de país" e as "opções de desenvolvimento". Projeto que se constrói através do diálogo autêntico entre sociedade e Estado.

E que parte da idéia básica: *ninguém vai salvar o Brasil. Só o Brasil salva a si mesmo*.

Convém, desde logo, esclarecer o sentido do "projeto" — o que é e o que não é.

---

[4] Ver, a propósito, o livro de Paul Krugman, *The Age of Limited Expectations* — U.S. *Economic Policy in the 1990s*, The Mit Press, Cambridge (Massachusetts), 1990.

O que é: trata-se de uma visão estratégica do país e do desenvolvimento, com o objetivo de propor opções, *explicitamente*, e daí derivar para as estratégias e políticas que as implementem.

Como fazem todos os grandes emergentes e muitos desenvolvidos.

Mudanças estruturais exigem visão de médio e longo prazos, e começam pela infra-estrutura. Mas, nas condições em que está o país, há necessidade de mudanças estruturais até na área macroeconômica, segundo veremos. Exemplo: reforma fiscal (por causa do "bloqueio fiscal"), para mexer no Estado (Executivo, Legislativo e Judiciário).

O que não é o "projeto" — nada a ver com propostas do passado ("nacional-desenvolvimentismo").

Voltando ao ponto: o objetivo central do Projeto de Brasil é que a geração que não viu o país crescer possa ousar. E sonhar.

A seguir, as primeiras idéias.

IMPORTÂNCIA DAS OPÇÕES: OPÇÕES DE PAÍS E OPÇÕES DE DESENVOLVIMENTO

Uma das coisas mais decisivas que a experiência — de país e de desenvolvimento — revela é a importância das opções. Opções que, freqüentemente, não são percebidas, até que os resultados, não raro catastróficos, apareçam.

Um exemplo. Simplificando as coisas: na altura da Independência, o Brasil optou por um projeto de desenvolvimento baseado, essencialmente, na agricultura de exportação, com fundamento na grande propriedade e na escravidão. Um pouco antes, os Estados Unidos, como observa Celso Furtado (no seu *Formação econômica do Brasil*), haviam optado por integrar-se, desde logo, à Revolução Industrial, e foram retardatários rumo à industrialização no século XIX, evoluindo para tornar-se, em fins do século, a maior economia industrial do mundo, à frente da Inglaterra.

O Brasil só foi um retardatário à industrialização no século XX. Mais propriamente, a partir dos anos 1930.

Resultado de opções.

Outro exemplo. A Constituição de 1988 (desnecessário salientar sua enorme importância do ponto de vista da redemocratização e dos direitos humanos e direitos civis) fez opções, na área previdenciária e assistencial, que, com as leis que a regulamentaram e complementaram, ao longo dos anos 1990, têm hoje um peso enorme no "bloqueio fiscal" existente — o engessamento orçamentário, que dá pouquíssima margem a escolhas.

Então, quando se diz que o Congresso Nacional está discutindo o orçamento, *não está correto. Está discutindo menos de 10% do orçamento.* Os restantes 90% já estão predeterminados.

Isso significa: sem que a sociedade brasileira percebesse, foram feitas opções que hoje significam: o orçamento é uma hipótese de trabalho. O que vale é o que vai ser definido, no ano seguinte, através dos contingenciamentos (cortes de verbas orçamentárias). E mais: o orçamento tem pouca importância para o desenvolvimento, porque há sérias limitações para o que se pode fazer com os recursos livremente disponíveis.

O propósito desses exemplos é tornar claro por que resolvemos formular esta proposta de Projeto de Brasil, para evitar escolhas erradas, através da definição de "opções de país" e "opções de desenvolvimento".

OPÇÕES DE PAÍS

1. *Opção pelo desenvolvimento como valor social e "sonho brasileiro"* (à semelhança do "sonho americano" de *from rags to riches*, ou seja, da "miséria à riqueza"). *Só assim evitaremos que o Brasil se torne "o país do passado".*
2. *Opção de conferir prioridade máxima à Segurança Pública. Segurança é problema* NACIONAL *de primeira ordem.*
   Afinal, de que adianta ter desenvolvimento, se não há segurança?
3. *Opção por um sistema político moderno (começando pela reforma política).*
4. *Opção por um novo modelo de Estado* (moderno, eficiente e favorável ao desenvolvimento) — *o* ESTADO INTELIGENTE. Modelo de Estado que implica um *Legislativo moderno* e um *Judiciário moderno*.
5. *Opção pela verdadeira revolução brasileira* — as revoluções sociais acarretando mudanças estruturais de consolidação da república demo-

crática de direito, numa sociedade baseada na tolerância, eqüidade, império da lei e valores humanistas.
6. Opção por uma *sociedade ativa e moderna (com apoio da mídia e em associação com o Estado) que mostre o seu poder de definir o rumo do país*, realizando um projeto nacional.

OPÇÕES DE DESENVOLVIMENTO

1. *Opção pela preparação das bases para o crescimento sem dogmatismos.* "A vida é perigosa", mas é preciso vivê-la com janelas para o futuro.
2. *Opção por uma ESTRATÉGIA DE DESENVOLVIMENTO voltada para a INOVAÇÃO e a ECONOMIA DO CONHECIMENTO* (a forma moderna de fazer o desenvolvimento).
Estratégia com oportunidade para o NORDESTe e a AMAZÔNIA.
3. *Opção por uma ESTRATÉGIA DE DESENVOLVIMENTO SOCIAL COM INCLUSÃO SOCIAL e portas de saída para os pobres.*

Examinemos essas opções.

OPÇÕES DE PAÍS — DISCUSSÃO

OPÇÃO PELO DESENVOLVIMENTO COMO VALOR SOCIAL E "SONHO BRASILEIRO"

A partir dos anos 1990, o Brasil transformou a estabilidade de preços (baixa taxa de inflação) em valor social, graças ao sucesso do Plano Real. E apoio não tem faltado à área econômica do governo — principalmente Ministério da Fazenda e Banco Central (Bacen) — para que se possa fazer uma boa gestão do regime de metas de inflação.

Isso é muito importante. É bom para os pobres, é bom para a sociedade em geral.

Mas, no mesmo período (e não há necessariamente ligação entre as duas coisas), gradualmente, o desenvolvimento, que por décadas havia sido, no Brasil, um valor universal, um verdadeiro "sonho brasileiro", a nossa macroideologia, foi deixando de sê-lo.

As razões são complexas.

De um lado, em certas fases, o crescimento se realizou com negligenciamento do controle da inflação. É só lembrar os "anos dourados" de JK e o Plano de Metas. O Programa de Estabilização de Lucas Lopes e Roberto Campos foi, delicadamente, jogado na gaveta.

Por outro lado, existem as conhecidas distorções do antigo modelo de desenvolvimento. Distorções econômicas e sociais. Claro, o desenvolvimento não é, em si, responsável por essas distorções, mas freqüentemente são elas atribuídas à "excessiva" preocupação com o desenvolvimento. Confunde-se desenvolvimento com "nacional desenvolvimentismo", modelo fechado, modelo autárquico. É um pouco a tendência a jogar fora a criança com a água do banho (que está suja).

Há, também, o fato de que, após a "desconstrução" do crescimento, na segunda metade da década de 1980, foi difícil encontrar o rumo — um novo modelo de desenvolvimento, consistente com as novas realidades do país e do mundo: globalização, abertura às importações, privatização, novo paradigma industrial e tecnológico.

Talvez exista, adicionalmente, em certos círculos de opinião, a idéia de que, se a agenda macro e a agenda micro estiverem em ordem, o crescimento e o desenvolvimento virão naturalmente.

Não é bem assim.

Num país, sob muitos aspectos, ainda subdesenvolvido — nas dimensões econômica, social, política, cultural —, a valorização social do desenvolvimento é imprescindível, para criar na sociedade a determinação de tê-lo como meta-síntese, ao lado da democracia.

Dois pontos, a propósito, são importantes.

O primeiro é: "subdesenvolvimento não é destino", como disse o professor Steven Davis. Cada sociedade, pelas escolhas, pelo esforço (ou falta de), tem de encontrar os caminhos para superar seus fatores de atraso, em cada estágio, fazendo, inclusive, a inserção internacional adequada.

Ao lado disso, e igualmente vital, Desenvolvimento é corrida de longa distância, e só percorremos parte do caminho. E, em certa medida, nele existe certo componente de solidão: não há fórmulas feitas, cada experiência de desenvolvimento tem elementos diferentes e exige esforço próprio.

Em suma, o Brasil não terá novos ciclos longos de crescimento rápido, e não realizará grandes avanços para tornar-se desenvolvido, se a sociedade brasileira não tiver o desenvolvimento como valor social, ao lado da estabilização.

Do contrário, iremos ser o "país do passado". O país que já teve desenvolvimento. Por isso, não podemos deixar a bandeira do desenvolvimento com os inconseqüentes, os que negligenciam a importância dos "fundamentos", e querem um modelo alternativo — que não existe.

Mas é bom vermos o que se quer dizer quando se fala em desenvolvimento. Rapidamente, três visões.

Como se sabe, a visão de Amartya Sen[5] (Prêmio Nobel de Economia), é de "desenvolvimento como liberdade". Ou seja: "desenvolvimento pode ser visto, segundo aqui se propõe, como um processo de expandir as reais liberdades que as pessoas usufruem".

O desenvolvimento implica remover as principais fontes de falta de liberdade: pobreza e também tirania; escassez de oportunidades econômicas, assim como sistemática privação social; negligenciamento de entidades públicas tanto quanto intolerância ou opressão de Estados repressivos.

Desta forma, industrialização, progresso tecnológico e modernização social podem contribuir substancialmente para expandir a liberdade humana, mas liberdade depende também de outras influências.

A visão de W. Arthur Lewis[6] (outro Prêmio Nobel de Economia), que nos parece complementar à de Sen, volta-se para a questão: É o crescimento econômico desejável?

Para ele, a desejabilidade do crescimento econômico (que tem seus custos) é: o crescimento "dá ao homem maior controle sobre seu *environment* (meio) e, portanto, *aumenta sua liberdade*" (grifo nosso).

Liberdade em relação à natureza. Liberdade para escolher mais bens e serviços, ou mais lazer.

---

[5] Ver Amartya Sen, *Development as freedom*", Alfred A. Knoff, Nova York, 2000.
[6] Ver W. Arthur Lewis, *Is Economic Growth desirable?* (*in Studies in Economic Development*, Bernard Okun e Richard W. Richardson, organizadores, Holt Rinehart and Winston, Nova York, 1962).

Ampliam-se as opções humanas.

Ao mesmo tempo, poderíamos acrescentar, no plano da sociedade, o crescimento cria círculos virtuosos, que permitem políticas sociais mais ativas, reduzindo pobreza, gerando oportunidades e redistribuindo renda.

A terceira é a visão do Fórum Nacional, que, desde sua criação, em 1988, faz a colocação de que o desenvolvimento tem de ser global. Ou o desenvolvimento é ao mesmo tempo econômico, social, político, cultural — ou não há desenvolvimento.

OPÇÃO POR ASSEGURAR PRIORIDADE MÁXIMA À SEGURANÇA

O rei está nu: o problema da segurança pública, no país, está fora de controle. Mas há saída.

SAÍDA PARA A SEGURANÇA — SÓ SE HOUVER PRIORIDADE MÁXIMA E SENSO DE URGÊNCIA[7]

Comecemos pela nossa perplexidade: por que, principalmente no Rio e em São Paulo, temos a barbárie e o terror urbano, e a questão da violência vai sempre numa escalada, assumindo, a cada dia, formas mais surpreendentes e terríveis?

Por que, no Rio, temos principalmente, a guerra entre quadrilhas de traficantes, pelo controle de pontos de vendas de drogas (no Vidigal, na Rocinha etc.), criando territórios sem lei[8], e, até, o denunciado "acasalamento tenebroso" entre "o tráfico de drogas, policiais corruptos e bicheiros (...)"?[9]

---

[7]Ao formular esta proposta, consideramos principalmente certas visões: a do professor Luiz Eduardo Soares, ex-secretário Nacional de Segurança Pública, no livro *Segurança tem saída* (Ed. Sextante, 2006); a do cel. José Vicente da Silva Filho, também ex-secretário Nacional de Segurança Pública, no *paper* "A Segurança Pública — o que fazer?", apresentado ao XVIII Fórum Nacional (ver o livro *Por que o Brasil não é um país de alto crescimento?*, Ed. José Olympio, 2006) e a do escritor Ferréz, no livro *Ninguém é inocente em São Paulo* (Ed. Objetiva, 2006). Ao mesmo tempo, na área preventiva, a da professora Alba Zaluar, no *paper* "Juventude e Segurança Pública no país" (também do XVIII Fórum e publicado no livro citado).
[8]*Jornal do Brasil*, 6/7/2006, p. A 9.
[9]Editorial do *Jornal do Brasil*, 2/8/2006, p. A 10.

Por que, em São Paulo, tivemos a "segunda-feira negra" de 15 de maio, quando a cidade parou, sob as ordens do Primeiro Comando da Capital (PCC), numa impressionante demonstração de força (deixando um rastro de 452 mortes, com 92 execuções, em uma semana); a série de 93 ataques, em 21 cidades, dois meses depois, e uma terceira onda de terror em meados de agosto?

Por que o ataque ao edifício do Ministério Público?

E por que, finalmente, ainda em São Paulo, o seqüestro de dois repórteres da TV Globo?

E as suspeitas de projeto político ("fazer a revolução dos pobres, através do crime") por parte do PCC, comandado por um preso com razoável cultura, o Marcola (lê Dante Alighieri), e pela namorada, Marlene?

A resposta, em nosso entender, é — A SEGURANÇA NÃO É PRIORIDADE, para a sociedade brasileira, que continua TOLERANDO O INTOLERÁVEL. E, nesse assunto, usando a expressão de Ferréz, "não há inocentes". Claro, a responsabilidade direta é da sucessão de governos que dão prioridade ao problema na hora das crises. E depois voltam às suas preocupações maiores.

Mas nós também somos responsáveis, porque não nos mobilizamos para cobrar a prioridade. E, voltando ao Ferréz, as próprias periferias também se tornam responsáveis, quando ficam a pedir favores, a políticos e autoridades, "em lugar de cobrar o que deveriam fazer".

Não esqueçamos: a Constituição é muito clara, quando, em seu art. 144, define a segurança pública como *"direito e responsabilidade de todos"* (grifo nosso).

Então, se queremos saída para a segurança, tal saída é DEFINIÇÃO DE PRIORIDADE E URGÊNCIA.[10]

Isso, dentro da idéia: de um lado, segurança como problema nacional, problema de todos, e, de outro, *segurança para todos* — o que significa segurança também para favelas e periferias urbanas. Ainda Ferréz, que é morador da periferia de São Paulo (o subúrbio Capão Redondo): "Não há governo nem leis para os moradores da periferia das grandes cidades."[11] E isso é contra os nossos interesses (classe média e classe de renda alta), porque marginaliza-

---

[10]Na expressão de José Vicente: "Não há desculpas. Não se pode mais aceitar a falta de prioridade e a incompetência que geram tanto sofrimento".
[11]Entrevista ao *Jornal do Brasil*, 22/8/2006, p. A 7.

mos as favelas, e depois de lá surgem as armas que são apontadas para as nossas cabeças (ou bens).

Vejamos, então, os principais pontos que essa prioridade implica.

PROBLEMA DA SEGURANÇA É NACIONAL E LIDERANÇA DEVE SER DA PRESIDÊNCIA DA REPÚBLICA

A prioridade supera a discussão de se o problema é da alçada principalmente dos governos estaduais ou do governo federal. É da responsabilidade conjunta de governo federal e governos estaduais (e em certa medida, principalmente na área preventiva, também das prefeituras).

Deve, pois, haver uma estratégia nacional de segurança pública, sob a liderança da presidência da República.

Algumas definições, em nível federal:

- Definição da segurança como tema suprapartidário — nele não há governo e oposição.
- Criação de um Gabinete de Segurança, junto à presidência (Ministro da Casa Civil — ou outro ministro da presidência —, ministro da Justiça e ministro do Gabinete Institucional), para supervisionar a estratégia.
- No âmbito do Ministério da Justiça, fortalecimento da Secretaria Nacional de Segurança Pública, com restauração da condição de área estratégica, que lhe foi retirada.
- Importância do Fundo Nacional de Segurança Pública — com recursos em nível adequado e não sujeitos a contingenciamento.
- Implementação do Sistema Nacional de Inteligência da Segurança Pública, incorporando todos os estados, "para a troca ágil e segura de informações sobre atividades de indivíduos e grupos criminosos" (JVSF). A Polícia Federal dele também faz parte.

Guerra se ganha, principalmente, com serviço de inteligência.

- Desconstitucionalização da matéria referente a polícias, através de esforço conjugado, junto ao Congresso, de governos federal e estaduais, e dentro da idéia de segurança como assunto suprapartidário.

A Constituição (art. 144) é detalhista sobre a matéria, falando sobre Polícia Federal (PF), Polícia Rodoviária Federal, Polícia Ferroviária Federal, Polícias Civis e Polícias Militares e Corpos de Bombeiros Militares. Consagra constitucionalmente uma estrutura policial que data do início do século XX e constitui obstáculo a uma imprescindível reforma. Não é matéria constitucional, devendo ser deixada ao nível de leis ordinárias.

COMEÇAR PELO COMEÇO: CONTROLE DE FRONTEIRAS

A idéia é ter um programa, sob responsabilidade principalmente da PF e das Forças Armadas, capaz de bloquear as fronteiras do país às rotas de contrabando de armas e drogas. Serviço de inteligência e dados do Sistema de Vigilância da Amazônia (Sivam) são partes importantes do programa.

É através da fronteira que o narcotráfico se abastece de armas e drogas, e atualmente nem a PF nem as Forças Armadas têm os meios de impedir esse fluxo maciço de contrabando.

NÍVEL ESTADUAL: INTEGRAÇÃO DAS FORÇAS DE SEGURANÇA E CRIAÇÃO DE RELAÇÃO POSITIVA COM A SOCIEDADE

Pontos principais:

- Pleno funcionamento, nos estados, do Gabinete de Gestão Integrada (GGT) da segurança, permitindo a ação conjunta de estados, governo federal e Forças Armadas (estas nas suas funções constitucionais).
- Estabelecimento do Núcleo de Comando e Controle, dotado de tecnologias avançadas, já disponíveis no Brasil (inclusive plataformas aéreas geradoras de imagens).
- Fortalecimento das Secretarias de Segurança Pública, para que possam comandar a necessária reforma das polícias. Mas com transparência e participação da sociedade.
- Prioridade ao serviço de inteligência, para que toda a ação nas favelas e periferias seja precedida de mapeamento das áreas críticas de funcionamento do crime organizado.

Novamente: guerra se ganha é com serviço de inteligência. Nada mais frustrante do que ver a polícia ocupar uma favela e voltar, praticamente, de mãos abanando.

- Importância da avaliação do desempenho. Inclusive avaliação externa, pela sociedade.
- Investir na capacidade de resposta das polícias — mas polícias que sejam reformadas e colocadas dentro de novo modelo, de política comunitária (inclusive com carreira única — hoje existem quatro carreiras, duas em cada polícia).

Trata-se de verdadeira reconstrução das polícias, e talvez a melhor solução seja a sua unificação. Como dito, o modelo atual, datado do início do século passado, está obsoleto.

- Reforma do sistema penitenciário, hoje, transformado em Faculdade do Crime.

De um lado, trata-se de cumprir os dispositivos mais importantes da atual Lei de Execuções Penais. Exemplos: presos são misturados, independentemente da gravidade de seus crimes; as penitenciárias são muito grandes, dificultando a gestão e levando à perda de controle; a superlotação tornou-se absurda; condições de higiene degradantes; trabalho e educação são raramente oferecidos; falta de controle do preso no semi-aberto e no aberto, levando a fugas e/ou a prática de crimes.

Por outro lado, há necessidade de aprovar certas reformulações da Lei de Execuções Penais, corrigindo as distorções, adotando soluções já em curso no Congresso (grupo de juristas coordenado por Reale Jr.), adotando penas alternativas e instituindo o Sistema de Inteligência Penitenciário.

IMPLEMENTAÇÃO DA POLÍTICA DE SEGURANÇA NA REGIÕES METROPOLITANAS E GRANDES CIDADES

A estratégia a ser adotada se baseia na ação por áreas prioritárias, objetivado principalmente o estabelecimento do Estado democrático de direito nas favelas, para evitar a dupla tirania do tráfico armado e de segmentos corruptos das polícias (Luiz Eduardo). As áreas prioritárias serão definidas com base em trabalho de inteligência.

A prioridade maior serão as áreas (favelas, principalmente) que fazem tráfico no atacado e redistribuem drogas para o comércio varejista. E o modelo de combate ao tráfico deve estender-se à lavagem de dinheiro.

Trata-se, como dito, de política integrada: segurança, educação e emprego; ou, de forma mais ampla, segurança pública, de um lado, e políticas sociais, de outro lado (educação, saúde-saneamento, cultura, lazer). Favelas e periferias são bairros, iguais aos outros, e devem receber a mesma atenção do poder público.

E o foco, claramente, devem ser os jovens em situação de risco — é o trabalho de conquista de *corações* e *mentes*, e de proporcionar oportunidades.

O outro sentido da integração é trazer para essa política a cooperação da Polícia Federal (e do governo federal, em geral) e dos municípios (particularmente na ação preventiva), assim como as universidades (que poderão ajudar no diagnóstico de cada área), as Organizações Não-governamentais — ONGs (exemplo: Ação Comunitária do Brasil) e as comunidades locais (cujas lideranças serão incorporadas).

Nunca é demais ressaltar a importância de relações positivas entre instituições de segurança e sociedade. Deseja-se, em última análise, restabelecer o SENSO DE COMUNIDADE, que desapareceu das grandes cidades brasileiras, transformadas em espaços fragmentados. Não é mais nem a "cidade partida" de Zuenir Ventura ("os de cá e os de lá"). É algo muito pior, porque o que vemos são ilhas esparsas — ou uma série de fragmentos — , cada um procurando se virar como pode, numa terra sem dono e sujeita ao pesadelo, à barbárie, quando não ao terror.

Conclusão: "Basta"

Em resumo, Estado e sociedade têm, realmente, que dizer basta a tudo isso e deixar de tolerar o intolerável, tornando prioritária a segurança e adotando uma estratégia de integração.

E a parte essencial da estratégia é a solidariedade.

Quando os meios de comunicação são atacados, é a nós que atacam.

Quando o Ministério Público e membros do Judiciário são atacados, é a nós que atacam.

Quando o palácio de governo ou a prefeitura são atacadas, é a nós que atacam.

Quando as instituições, em geral, são atacados, é a nós que atacam.
Quando os pobres são atacados, quando o povo é atacado, é a nós que atacam.
Somos parte de um continente.
E, como sociedade, vamos exercer o *sagrado direito de* COBRAR.
Como dito, aquela solidariedade objetiva restabelecer o SENSO DE COMUNIDADE nas grandes cidades brasileiras. Esse, *o sentido último da Estratégia de Segurança*.

OPÇÃO POR UM SISTEMA POLÍTICO MODERNO

> "Agora é o inverno de nossa insatisfação (...)."
>
> William Shakespeare, *A tragédia do Rei Ricardo III*

Realisticamente, o que queremos é um "bom" sistema de partidos políticos. Ou seja, que atenda razoavelmente aos requisitos básicos de constituição de partidos,[12] a saber: *institucionalização* (que implica *representatividade* em relação a certa base social e *autonomia*, em relação a essa própria base e ao Executivo); e posicionamento em relação às *arenas estratégicas de decisão* (arena distributiva, redistributiva e regulatória). Isso implica um mínimo de conteúdo programático e um mínimo de fidelidade partidária, por parte dos seus representantes no Congresso.

Por outro lado, o conjunto de partidos, o sistema de partidos, deve ter certa margem de manobra (autonomia) em face do Poder Executivo. Isso implica evitar o presidencialismo imperial, que reduz o Congresso Nacional, e o sistema de partidos, ao papel de mero órgão de *referendum* das propostas (decisões) do Executivo.

Num país em desenvolvimento, a idéia de sistema de partidos modernos significa mais: co-responsabilidade na preparação das bases para o cresci-

---

[12] Ver, a propósito (sobre o sistema de partidos de 1946, Maria do Carmo Campello de Souza, *Estados e partidos políticos no Brasil (1930 a 1964)*, Ed. Alfa-Ômega, São Paulo, 1976. E sobre a situação atual, Gláucio Ary Dillon Soares e Lúcio R. Rennó (orgs.), *Reforma política — lições da história recente*, Ed. FGV, Rio, 2006.

mento — e principalmente no ajuste fiscal. E co-responsabilidade na formulação da agenda de desenvolvimento econômico e social.

E claro: o pressuposto de tudo isso são duas coisas que nem deveriam ser explicitadas, mas que, na atual situação política do país, têm de sê-lo, e com prioridade: transparência e obediência à lei.

A propósito, o diagnóstico de estudo recente[13] é: "garante-se a governabilidade através de brechas e falhas do sistema eleitoral, procedimento que encarece as campanhas e que é pouco transparente na prestação de contas. A falta de transparência cria oportunidades para o uso indevido do dinheiro para comprar apoio político. Usam-se as limitações da legislação eleitoral para pagar suborno a políticos, na tentativa de chegar à governabilidade".

RAÍZES DA CRISE POLÍTICA INTERMINÁVEL

Antes de falar em reforma política, e reconhecendo a sua natureza estrutural, convém descer às raízes. Como sejam:

1. Nos anos 1980 e 1990 (para não ir mais longe),[14] houve raízes como:

- A "desmodernização do Estado", com invasão da administração pública pela lógica política e a explosão das diferentes formas de patrimonialismo-clientelismo, corporativismo de entidades do Estado, apropriação de órgãos do Estado por interesses privados, populismo (deputado José Serra, em 1988: "Populismo — a doença infantil da redemocratização").
- Na sociedade civil, que se tornou mais ativa, notava-se, freqüentemente, a carência de espírito de responsabilidade cívica e de entidades de tendência representativa e independente (*status* público).
- Sistema de partidos ruim, inclusive com proliferação do número de partidos. E a emergência das "legendas de aluguel".
- O governo Collor, que começou com uma brilhante declaração de modernidade (discurso de posse escrito por José Guilherme Merquior), terminou com a institucionalização da corrupção, em muitos órgãos públicos (o "crime não perfeito" de P. C. Farias).

---

[13] Ver nota anterior.
[14] Partimos do pressuposto de que o atual sistema de partidos é pior do que o de 1946 (funcionando de 1946 até 1964).

Então: "Dr. Jeckyll e Mr. Hyde" ("O médico e o monstro").

- E a síntese do senador Fernando Henrique Cardoso, em pronunciamento como líder do PSDB no Senado, em 1991: "É duro reconhecer, mas as forças políticas que lutaram contra o regime autoritário (...) falharam redondamente na tarefa de governar (...)".

2. De 1990 para cá: o problema da representação, no Congresso Nacional — eleição de "celebridades" (locutores de rádio, apresentadores de televisão, artistas), as "bancadas" (inclusive "bancada evangélica" e um "partido evangélico"), o poder dos caciques políticos, nos "grotões", e dos "coronéis eletrônicos" (caciques donos de estações de rádio ou televisão).

3. Muito importante: explosão do processo de política de massas (e, freqüentemente, massas desenraizadas, por terem vindo do interior ou não terem emprego).

Um indicador: em 1945, na primeira redemocratização, o Brasil tinha 7,4 milhões de eleitores (16% da população); atualmente, são cerca de 126 milhões de eleitores (*70% da população*). É explosão talvez nunca vista, em outros países.

Então — a massificação política é boa para dar maior participação popular, mas deve ser acompanhada de uma sociedade ativa (que se manifeste e se organize) e moderna (grande número de entidades sociais com espírito público).

Sobre a crise política, em si:

a) Problemas da maioria dos partidos: "geléia geral" (falta de um mínimo de conteúdo programático), o "troca-troca" (falta de fidelidade partidária) e as "legendas de aluguel", já citadas, que vendem seu apoio político em troca de vantagens ou mediante pagamento.

b) A exceção — o Partido dos Trabalhadores (PT), segundo o deputado Paulo Delgado, em *paper* para o Fórum Especial de setembro do ano passado: do radicalismo ("O Deus furioso do Velho Testamento") ao Projeto de Poder.[15]

---

[15]Deputado Paulo Delgado, "A problemática do PT" (*in Crise Política e reforma das instituições do Estado brasileiro*, Ed. José Olympio, Rio de Janeiro, 2006).

c) O "faz de conta" dos gastos de campanha ("Partidos fazem de conta que prestam contas e a Justiça Eleitoral faz de conta que toma contas" — ex-presidente do Tribunal Regional Eleitoral (TRE) do Rio de Janeiro).

O resultado, que nos surpreendeu porque ainda tínhamos ilusões, ou porque não queríamos ver, foi a interminável crise política — o "circo de horrores" de sucessivos superescândalos, como mencionado. Na interpretação de Luciano Martins, trata-se de uma "crise endógena e sistêmica da democracia brasileira"[16], porque originária "de práticas políticas operadas nos desvãos das instituições democráticas por protagonistas legitimamente eleitos por regras dessas mesmas instituições" e que "se espraia por várias instâncias do sistema político, do Legislativo e da burocracia do Estado".[17]

Então — alta prioridade à reforma política, com urgência

Diante da crise, uma reflexão, importante para o futuro da democracia brasileira — as lições que boa parte das lideranças estão dando ao povo:

1. Lições de falta de ética, de descumprimento das leis, de uso da coisa pública (*res publica*) em benefício próprio, ou de partidos políticos.
2. Lições de que os fins justificam os meios, para alcançar o poder e a riqueza.
3. Lições de que a democracia não leva ao "bom governo".

E a conseqüência: o "afastamento da política". "Política é para os políticos, não é para pessoas de bem". Ou "nada de bom se pode esperar dos políticos".

Por isso, a necessidade — e urgência — da reforma política (inclusive o sistema de partidos e o sistema eleitoral).

No tocante à reforma, coloca-se a indagação: é ela viável? A reforma política mexe com o interesse próprio de muita gente no Congresso, que estará

---

[16] Luciano Martins, "Uma crise endógena da democracia brasileira" (obra citada).
[17] Ver nota anterior.

tomando as decisões. Vamos, então, adotar uma visão de processo, que permita realizá-la por etapas. E tornar a reforma suprapartidária e prioritária, procurando convergências.

Por outro lado, existe um papel importante a ser desempenhado pelas lideranças partidárias: assegurar um mínimo de conteúdo programático aos partidos, evitando a "geléia geral". E, também, compromisso com o desenvolvimento econômico, social, político.

As principais sugestões para a reforma, na etapa atual, saídas das convergências já existentes:

1. Fortalecimento dos partidos: tomar como base, para a mesa das duas casas e as comissões, o número de eleitos pelo partido (isto é, no início da legislatura), de modo a mostrar que "o crime não compensa". Ao lado disso, definir prazo mínimo de permanência no partido (a fidelidade partidária está na Constituição, mas os interesses têm impedido a sua regulamentação).
2. Sistema de votação: sistema misto (metade por listas fechadas e *não bloqueadas*, e metade por votação nominal).
3. Colocar em prática a cláusula de desempenho (com federação de partidos?).
4. Financiamento público de campanhas (com teto?). Mas talvez sem proibir o financiamento privado, desde que haja registro e plena transparência (com divulgação na internet). O essencial é que seja legal e transparente. É imprescindível acabar com "o caixa dois", tanto nos partidos como nas empresas (e demais financiadores). Só assim poderemos acabar com o "faz de conta" na prestação de contas perante a Justiça Eleitoral. E deve haver, claro, penalidade para os crimes eleitorais.

Como contribuição nossa, colocamos ainda um outro ponto: talvez seja necessário evitar a simultaneidade da eleição de presidente da República com a de governadores dos estados. Estamos assistindo a essa coisa estranha de ter presidentes de partidos e governadores eleitos por certa sigla apoiando, ao nível de estado, candidatos à presidência de partidos adversários.

OPÇÃO POR UM NOVO MODELO DE ESTADO — MODERNO, EFICIENTE E FAVORÁVEL AO DESENVOLVIMENTO

POR QUE UM NOVO MODELO DE ESTADO?

Essencialmente, por duas razões.

A primeira é que o Estado brasileiro tendeu a perder importância para o desenvolvimento e a desmodernizar-se, como visto, a partir dos anos 1980. Na colocação de Hélio Jaguaribe (de passagem: adversário do regime militar), o Brasil tinha construído, entre os anos 1940 e o final dos anos 1970, o "Estado mais moderno do Terceiro Mundo".[18] Estado que, inclusive, através da Reforma Administrativa de início de 67, coordenada por Hélio Beltrão, havia institucionalizado os sistemas de planejamento, execução de programas (e orçamento), programação financeira, acompanhamento de programas e auditoria.

Com visão estratégica, isto é, pelo menos de médio prazo (e na infra-estrutura, visão de longo prazo).

Mas houve a desconstrução do alto crescimento e com ela a desconstrução do Estado, do ponto de vista de gestão e do ponto de vista financeiro. E duas conseqüências, importantes para o desenvolvimento brasileiro, na perspectiva atual: a perda de visão estratégia e a criação de camisa-de-força no orçamento, tornando-o pouco relevante para o desenvolvimento: faltam recursos para investimentos em infra-estrutura e para programas especiais de emprego, principalmente.

A segunda razão é que, notadamente a partir dos anos 1990, houve uma tendência mundial à "reinvenção do governo":[19] a idéia de que o Estado deveria ir além do Estado weberiano (eficiente e com nítida separação entre público e privado — novamente, a *res publica*), e aprender com o setor privado os métodos modernos de gestão empresarial, na medida do possível (e com adequação).

---

[18]Helio Jaguaribe, "Sociedade, Estados e Partidos Políticos na atualidade brasileira" (*in A crise brasileira e a modernização da sociedade*, Ed. José Olympio, 1990 — I Fórum Nacional).
[19]Ver *Reinventing Government — How the Entrepreneurial Spirits is transforming the Public Sector*, David Osborne e Ted Gaebler, Addison-Wesley Publishing Company, 1992.

A SAÍDA: MODELO DE ESTADO PARA O DESENVOLVIMENTO
(ECONÔMICO, SOCIAL POLÍTICO, INSTITUCIONAL) —
O "ESTADO INTELIGENTE"

O Estado Inteligente (a exemplo da Empresa Inteligente),[20] remonta ao I Fórum Nacional (1988). Sua idéia básica é: concentração nas funções básicas do Estado e atuação (em nível federal), procurando atuar principalmente através de estratégias e políticas, e não da execução direta (salvo no que for inerente ao Estado). E também: Estado com alto conteúdo de conhecimento e criatividade — a negação do Estado burocrático (no mau sentido).

Dessa concepção surgem implicações.

1. Exploração direta da atividade econômica apenas em caráter supletivo à iniciativa privada, segundo dispõe o art. 173 da Constituição.
2. Papel essencial do Estado na economia: criar condições para que a economia de mercado realize o desenvolvimento.
3. Na área social, descentralizar a execução para estados e municípios, e para instituições sociais, dando-lhes apoio financeiro.
   Trata-se de evitar a tentação de ter gigantescos programas sociais, atuando a nível nacional — o que não faz sentido, num país continental e tão diferenciado como o Brasil.
   Nos anos 1990, houve considerável evolução nesse sentido, principalmente na área de educação.
4. Em geral, acabar com o *Big brother* à brasileira — a burocracia que em quase tudo se mete e cria obstáculos até às exportações. Manchete de jornal: "Burocracia cria 40 novas regras por dia".

Quanto à definição das Instituições do Estado moderno:

1. Executivo moderno — necessidade de revisão, de estruturas e funções, para haver o Estado Inteligente. Isso implica novo modelo de gestão e avançar no sentido da Administração Permanente, estabelecendo continuidade administrativa.

---

[20] A ser discutida mais adiante. A *Intelligent Enterprise* teve suas bases lançadas no início da década de 1990, com a emergência do novo paradigma industrial e tecnológico.

2. Congresso moderno, apoiado num bom sistema de partidos políticos e voltado para o desenvolvimento (segundo visto).
3. Judiciário moderno — rápido, eficiente, acessível aos pobres. E também voltado para o desenvolvimento.

Implementação do "Estado Inteligente"

As principais linhas de ação:

1. Estruturação do núcleo básico:
- Estruturas flexíveis — eventualmente utilizando autarquias e fundações. Sempre que possível, programar-se à base de *projetos*, em lugar de departamentos.
- Regime jurídico diferenciado (estatuto, Consolidação das Leis Trabalhistas — CLT, conforme o caso).
- *Regime Jurídico Único é incompatível com flexibilidade de estruturas e eficiência da administração pública. De que adianta ter fundações públicas* (como o Instituto de Pesquisa Econômica Aplicada (Ipea), Instituto Brasileiro de Geografia e Estatística (IBGE) e Conselho Nacional de Pesquisa (CNPq), se estão sujeitas ao regime de estatuto?
- Importância do plano de carreira (às vezes, por entidade: fundações, por exemplo).
- Métodos modernos de gestão. Lembrando Peter Drucker: "Desenvolver o talento (de seus recursos humanos) é a função principal da organização".
- *Controle de resultados. Sem controle, não há resultados.*

2. Estímulo à iniciativa privada:
- Alguns "substitutos históricos" ainda são indispensáveis: instituições financeiras de desenvolvimento (Banco Nacional de Desenvolvimento Econômico e Social (BNDES), Banco do Brasil (BB), Caixa Econômica Federal (CEF), Financiadora de Estudos e Projetos (Finep), Banco do Nordeste do Brasil (BNB), ou fundos vinculados (exemplo: fundos setoriais de tecnologia, fundo vinculado ao setor de logística).
- Sistema de incentivos fiscais à inovação.

- Ação supletiva — empresas estatais (como Petrobras e Eletrobrás) atuando de forma complementar ao setor privado.
- "Regras do Jogo" estáveis e favoráveis à economia de mercado.

3. Ação na área social:
- A parceria com estados e municípios, organizações sociais, ONGs.
- Novo modelo financeiro para universidades e hospitais públicos, de modo a integrá-los com o setor privado e dar-lhes viabilidade financeira.

OPÇÃO PELA "VERDADEIRA REVOLUÇÃO BRASILEIRA"

Existe toda uma literatura, no país, sobre a idéia de Revolução Brasileira. A opção feita pelo Fórum Nacional foi no sentido de um conjunto de revoluções sociais que representem mudanças estruturais na sociedade brasileira, objetivando a consolidação da república democrática de direito e de uma civilização baseada em valores humanistas.

A crise política iniciada em meados do ano passado, e que continua tendo novos desdobramentos, mostrou explosivamente a existência de um grave problema ético e de cumprimento da lei, em grande parte do sistema de partidos e em parte do Estado. Mas também em parte das empresas, nos financiadores (caixa dois).

Só que a história não é tão simples. Como se tem visto na atual campanha eleitoral, qual é a posição do eleitor — ou seja, do povo, da sociedade —, em face da presença da falta de ética, da corrupção, do descumprimento da lei em muitos candidatos? Como se comportou o eleitor em face dos envolvidos nos superescândalos, e como se está comportando agora, no segundo turno, face às candidaturas a governos estaduais e governo federal?

Coloca-se, então, a dúvida — será que, nesse tema — a interligação de falta de ética e descumprimento da lei — não ocorre também o que se disse no tocante à segurança, ou seja, "ninguém é inocente"? Não está havendo, também, falta de cidadania?

E ainda o ponto: o pobre deve também ser participante — e participante ativo — na república democrática de direito. Está havendo, realmente, preocupação de dar-lhe vez, e de dar-lhe voz? Ou o que temos é, em grande medida, manifestações de populismos — ou seja, a falsa defesa dos interesses do pobre, a pretensão de falar por ele (o que é uma forma de autoritarismo)?

Por todas essas dúvidas, convém dar uma palavra sobre cada uma das revoluções sociais propostas.[21]

REVOLUÇÃO ÉTICA

A pedra angular do assunto é que a ética é o fundamento da república democrática de direito e da sociedade de valores humanistas. Basta lembrar o aforismo de Aristóteles — "o agir segue o ser" (e daí a dúvida de Hamlet — "ser ou não ser, essa a questão").

Ética em todos as esferas da vida social — na política, no Estado, na empresa, na sociedade em geral.

E há um complemento ao aforismo: o pobre deve participar da vida em sociedade. Se isso não acontecer, autenticamente, estamos numa sociedade desprovida de ética. Além de estarmos desperdiçando o capital humano do país.

Se queremos uma sociedade ética, cabe lembrar a colocação de Einstein, sobre educação e ética: "A função da educação não pode limitar-se à transmissão de conhecimento. Ela deve ajudar o jovem a crescer num espírito tal que os princípios éticos fundamentais (de honradez, de veracidade, respeito ao próximo, solidariedade) sejam para ele como o ar que respira. O mero ensino não pode fazer isso."[22]

No tocante à ética na empresa, Roberto Teixeira da Costa (livro citado) lembra que, segundo a Lei de Sociedades Anônimas (Lei 6.404), os administradores devem exercer as atribuições que a lei e o estatuto lhe conferem, para atingir os fins no interesse da companhia, *satisfeitas as exigências do bem público e a função social da empresa* (art. 154) (grifo nosso).

Além do que, evidentemente, têm o dever de transparência, nos negócios da empresa, e de respeito à lei.

Governança corporativa envolve tudo isso. E tudo isso tem base ética.

---

[21]A propósito, considerar a segunda parte do livro *Por que o Brasil não é país de alto crescimento?* (Ed. José Olympio, 2006), relativo ao XVIII Fórum Nacional.
[22]Do livro *Memórias*, de Franco Montoro.

REVOLUÇÃO DO CUMPRIMENTO DA LEI

Em junho de 2005 (quando a crise política já havia começado), a então procuradora-geral do Conselho Administrativo de Defesa Econômica (Cade), Maria Paula Dallari Bucci, em entrevista,[23] disse algo revolucionário: "No Brasil, fazer cumprir a lei é revolucionário."

Miguel Reale Jr. fala do "paradoxo revelador e conformador de uma *mentalidade*: ora o desprezo à lei (até por tribunais), ora a lei, para preservar e garantir a permanência da escravidão, ora a gloriosa submissão à letra da lei (que negava existência jurídica aos escravos) para perpetuar a ordem escravista".

E argumenta que o exercício do poder, no Brasil, não se modificou substancialmente, *mutatis mutandis*, até a nossa época. Isso lhe parece a face negativa do "homem cordial", que, como mostrou Sérgio Buarque de Holanda (em *Raízes do Brasil*, obviamente), se deixar guiar pela emoção, pelas relações pessoais e familiares, e não pelo que estabelece o sistema de leis.

Chegou a hora de acabar com a idéia, muito brasileira, de "leis que pegam e leis que não pegam". Se a lei não é boa, que seja modificada. Só assim deixará de ser revolucionário o cumprimento da lei no país.

Colocada a coisa de forma clara, a lei é a nossa proteção contra o Leviatã (como dizia Hobbes), e o fundamento das relações entre Estado e sociedade; entre poderes do Estado; e entre pessoas em convivência civilizada. E lei para todos, sem a história de que todos são iguais, mas uns mais iguais que os outros. E que a igualdade perante a lei se estenda também ao pobre.

REVOLUÇÃO DA CIDADANIA

A idéia básica é que sem *cidadania ativa* continuaremos à mercê de maus governos e de maus políticos.

Claro, cidadania se manifesta, antes de tudo, pelo voto, e nesse sentido o Brasil tem uma excelente oportunidade, porque houve a massificação do direito de votar (como vimos, hoje 70% da população são eleitores) e o brasileiro tem votado, maciçamente. A questão, aqui, é resistir à tentação, natural, de

---
[23]Jornal *Valor*, 28/6/2005, p. A-4.

votar com base em interesses específicos e adotar visão mais ampla — de interesse público — na hora de votar.

A sociedade ativa (isto é, organizada) e moderna (com instituições dotadas de espírito público) será desenvolvida adiante. É nesse sentido que devemos caminhar. Essa sociedade é que deve procurar o diálogo com o Estado e acompanhar de perto o seu funcionamento.

José Murilo de Carvalho apresenta uma excelente proposta de novo tipo de cidadania — o *cidadão-contribuinte*, partindo do conhecido princípio: "*No taxation without representation* (nenhum imposto sem representação)."

"A visão do cidadão como contribuinte (...) pode servir de base para uma atuação política muito mais agressiva, sobretudo em uma tradição como a nossa, em que os representantes, que deveriam ser a contrapartida da tributação, acabam sendo eles mesmos os maiores comedores dos impostos."

Desta forma, caracteriza-se o fato de que o dono do dinheiro público é o cidadão-contribuinte, e não o governo. "O cidadão-contribuinte é dono do Estado, a quem encarrega de administrar seus impostos em benefício público."

Nessas bases, o diálogo sociedade-Estado se estabelece naturalmente. E saímos da nossa tradição de "estadania", de esperar que tudo venha do Estado. "(...) Hoje temos melhores condições de que no passado de participar ativamente do esforço, sem ter de esperar que outros nos indiquem o caminho."

REVOLUÇÃO NA EDUCAÇÃO

Nada mais fundamental que o *direito à oportunidade*. E oportunidade começa com um mínimo de educação (e conhecimento). Daí a essencialidade de um bom ensino básico.

Nesse assunto, segundo Cláudio Moura Castro, há duas notícias. A notícia ruim é que nosso ensino fundamental é de péssima qualidade. Nos anos 1990, o Brasil conseguiu universalizar o acesso à escola, no nível fundamental. Resolveu-se o problema da quantidade. Resta o da qualidade, cujos indicadores são vergonhosos.

"O Sistema Avaliação do Ensino Básico (SAEB), aplicado à quarta série fundamental, mostra que 54% dos alunos não foram plenamente alfabetizados" (o que deveria ter acontecido na primeira série). E a conseqüência: "74% dos adultos são funcionalmente analfabetos". Trocando em miúdos, não conseguem ler suficientemente bem para se comunicarem por escrito (exceto por bilhetes toscos), não conseguem ler notícias de jornal (exceto as muito simples) e não conseguem usar a leitura para se educarem (uma funcionalidade essencial em uma sociedade moderna).

Essa, repetindo, a notícia ruim. A notícia péssima é que não há consciência dessa tragédia... "O maior obstáculo impedindo a melhoria da qualidade é a percepção da sociedade brasileira de que a escola está bem".

Segundo Cláudio, são claras as razões da deficiência de nossa escola. Principalmente: os professores não dominam os conteúdos que ensinam e não aprenderam a dar aula; não há controle de resultados. Em suma, os sistemas são "pessimamente concebidos e administrados".

Daí a necessidade de uma revolução na educação, para acabar com o ídolo de pés de barro — ter um bom ensino básico como pedra angular do sistema educacional brasileiro. Ou seja: criar uma crise, para convencer a sociedade de que, em educação, a *educação básica deve ser a única prioridade*. "Não apenas como prioridade dentro da educação, mas como prioridade para a nação." Quer dizer, "começar do começo". O básico é a base.

REVOLUÇÃO SOCIAL — DAR VEZ AOS POBRES,
DAR VOZ AOS POBRES

A revolução social objetivada "deve ter como foco a pobreza: a parcela da população com carências básicas, além de opções limitadas". Assim, antes de tudo, devemos voltar-nos para a redução da pobreza[24] (ainda anormalmente elevada, para nosso nível de renda *per capita* e nosso grau de desenvolvimento) e dar participação ao pobre na sociedade.

Em retrospecto, a pobreza no Brasil caiu de 68% da população, em 1970, para 35,3% em 80; 30,3% em 90; 21,7% em 2001 e 20% em 2004 (cerca de 35% milhões de pessoas). No período, melhorou o nível de vida dos pobres (medido pelo Índice de Nível de Vida) e "diminuiu a distância social entre os pobres e não-pobres". São essas as conclusões do estudo feito por Roberto Cavalcanti de Albuquerque e Sonia Rocha (livro citado).

---

[24]Pobreza mensurada em termos de renda para atender às necessidades básicas da família.

Alguns indicadores. Em educação, entre 1970 e 2004, o percentual de pobres com quatro anos ou mais de estudos elevou-se de 5% para 66%, com o hiato entre pobres e não-pobres caindo de 0,807 para 0,139. No mesmo período, a ocupação cresceu a 3,2% anuais.

O crescimento, pela geração de emprego (e elevação dos salários reais) teve grande eficácia na redução da pobreza. Entre 1970 e 2004, o crescimento de 2% anuais no PIB *per capita* associou-se a uma redução de 3,6% a.a. na proporção de pobres.

Existe, claro, uma outra forma de redução da pobreza — os programas de transferência de renda. Mas, neste caso, é uma redução estatística da pobreza: se a transferência for suspensa, volta a pobreza. Ou, seja, o pobre continua a ser pobre. Fora de dúvida, qualquer sociedade tem de ter uma rede de proteção, fazendo um certo nível de transferência de renda. Mas, tanto quanto possível, devem-se criar "portas de saída", ou seja, condições para que o pobre efetivamente saia da pobreza.

A outra prioridade da revolução social é dar participação ao pobre na sociedade. De duas formas. De um lado, proporcionando-lhe formas de manifestar-se ("Dar voz aos pobres"). Assim, o pobre, seja das favelas ou das periferias, deve ser incorporado à sociedade ativa e moderna que se considera imprescindível ter no Brasil. Houve, nos últimos 60 anos (desde a primeira redemocratização eleitoral, em 1945) enorme aumento da inclusão eleitoral, segundo visto. Mas isso não significa plena inclusão política, que se manifesta pelo exercício permanente da cidadania e pela existência de mecanismos de defesa dos interesses dos pobres.

Como propõem Roberto e Sonia, faz-se necessária uma rede de organizações sociais interativas — nos partidos, igrejas, escolas, clubes, sindicatos — "capaz de formar opiniões, formular demandas, opor-se à captura do espírito pela mídia eletrônica, praticar a política."

Quando discutimos segurança, mostrou-se a importância de haver boa relação com as comunidades atendidas. O mesmo deve acontecer quando for analisada, mais adiante, a forma de ter-se uma sociedade politicamente ativa.

OPÇÃO POR UMA SOCIEDADE DE MASSAS ATIVA E MODERNA (COM APOIO DA MÍDIA E EM ASSOCIAÇÃO COM O ESTADO), QUE MOSTRE O SEU PODER DE DEFINIR O RUMO DO PAÍS, REALIZANDO UM PROJETO NACIONAL

Para que as opções anteriores aconteçam (e as de desenvolvimento também), a sociedade brasileira deve assumir a consciência do seu poder sobre os rumos do país.

O PODER DA SOCIEDADE — CHEGA DE SER "MAIORIA SILENCIOSA"

É chegado o momento de dizer o que a sociedade pode, e deve fazer, para desempenhar bem o seu papel, dentro do Projeto de Brasil.

Reconhecidamente, a sociedade brasileira é cheia de clivagens, com grande divisão de interesses e visões. Mas é possível — e necessário —, através do diálogo e da interação, encontrar convergências em relação a certos temas básicos. E sobre eles *deixar de ser a maioria silenciosa*. Vamos manifestar-nos, vamos agir.[25]

Isso significa, de um lado, que a sociedade civil, e suas lideranças de boa fé — lideranças intelectuais, ONGs, lideranças empresariais e sindicais, lideranças políticas, Igreja e demais lideranças religiosas, lideranças de comunidades pobres, lideranças de mídia —, têm de mobilizar-se e dizer ao Estado e ao sistema de partidos como desejam que seja o Brasil conduzido.

E, de outro lado, que as próprias instituições do Estado — Executivo, Legislativo, Judiciário, Ministério Público — e os partidos políticos procurem convergências com a sociedade civil, para que o "projeto" possa acontecer.

Em seguida, algumas frentes de atuação para a sociedade.

O BRASIL COMO PAÍS DA TOLERÂNCIA... "COM O INTOLERÁVEL".
MAS CHEGOU A HORA DE MUDAR

É preciso tornar claro que a sociedade brasileira perdeu a paciência, o espírito acomodatício.

---

[25] No seu jeito especial, Villas-Bôas Corrêa, em artigo intitulado "À beira do abismo", assinalou: "Os malandros apostam na indiferença da sociedade (...)." *Jornal do Brasil*, 22/6/2006, p. A 2.

Não tolerar o intolerável na política — o "circo de horrores" a que temos assistido e a "pizza" inaceitável. É só ver o superescândalo do Mensalão e — o que é pior? — a Operação Sanguessuga, em que, segundo denúncia de funcionária também envolvida, 170 parlamentares teriam recebido propina "na mala, na meia e na cueca" (manchete de jornal do Rio, em 10 de maio). Recentemente, o superescândalo do Dossiê Freud.

Daí a importância da reforma das instituições políticas e do sistema eleitoral, já coberta.

Não tolerar o intolerável na área de segurança pública, pois já chegamos à barbárie e à proliferação do "crime sem castigo", a arrogância do poder paralelo, que nada teme e nada respeita.

A saída, como dito, é segurança, antes de tudo.

Não tolerar o intolerável na área social: tudo que vimos — excesso de pobreza, desemprego, informalidade, desigualdade. Isso levou à opção pelo desenvolvimento social com inclusão social e "portas de saída para os pobres".

Não tolerar o intolerável na economia. E aí colocar a *grande questão*: POR QUE O BRASIL NÃO É PAÍS DE ALTO CRESCIMENTO?, apesar do progresso feito em fase recente. A escolha do tema foi realizada, inclusive, para evitar que a bandeira do desenvolvimento fique na mão dos inconseqüentes, dos que não reconhecem a importância dos fundamentos econômicos, como dito.

Daí a proposta da ESTRATÉGIA DE DESENVOLVIMENTO ECONÔMICO.

Para não mais TOLERAR O INTOLERÁVEL, a "maioria silenciosa" vai falar e atuar.

O PODER DA SOCIEDADE E A QUESTÃO DO "BOM GOVERNO"

Realmente, diante de tantas "invasões de bárbaros" (crise política, crise da segurança) e de tantas coisas "intoleráveis", temos direito à IRA SAGRADA. Que não é privilégio dos deuses.

Definamos certas posições:

1. Vamos COBRAR:
   - Avaliação de todas as dimensões da ação do Estado, e do sistema político, desde segurança à atuação política, à economia e à área social.

- Transparência em tudo que o Estado faz. É importante que todas as entidades e poderes estatais tenham um *site* que realmente preste contas à sociedade sobre o que está fazendo. E, em geral, que se use amplamente o governo eletrônico (*e-gov*).
- Ética na política, no governo e demais instituições do Estado (Legislativo, Judiciário, Ministério Público). E também ética nas empresas e nas próprias instituições da sociedade civil (ONGs etc.). Isso já foi analisado.

Recentemente, um candidato ao congresso lançou seu *slogan*: "Não roubarei". Sinal dos tempos.

- Definição: *ninguém está fora da lei* — nem os poderosos, nem os ricos. Antes de tudo, colocar os partidos políticos, e a política, dentro da lei, inclusive quanto ao financiamento de campanhas políticas.
- Igualdade de todos perante os órgãos do Estado (pobre tem dificuldade de acesso à Justiça, e, em geral, aos órgãos do Estado).
- Minimizar as diferentes formas de patrimonialismo: clientelismo político, nepotismo nos órgãos públicos, apropriação das entidades do Estado por interesses privados, populismo esbanjador dos recursos públicos e enganador do povo. Que essas práticas sejam a exceção, e não a regra, como tende a acontecer.

2. *Vamos criar a consciência do* CIDADÃO-CONTRIBUINTE. *Nós é que somos os donos do dinheiro público. Então, existem os direitos dos contribuintes, consoante a proposta de José Murilo, já citada.*

3. Vamos PUNIR:
- Uso do voto para evitar que os "mensaleiros" e os "sanguessugas", principalmente, se elejam ou sejam escolhidos para qualquer cargo público.

É esse o primeiro passo da reforma política: o nosso voto, para punir os desonestos e escolher os competentes, com padrões éticos satisfatórios.

Se forem eleitos, vamos protestar e acompanhar tudo que fazem no Congresso.

- Ação das entidades de classe (confederações, federações, associações), para acompanhar o comportamento dos eleitos (a nível federal, estadual e municipal) e do governo em geral, avaliando o seu grau de competência, sua ética e seu desempenho no exercício das funções.

Evitar o desperdício de recursos e cobrar resultados.

- Apoio à ação de ONGs e, em geral, instituições da sociedade civil que façam a mesma coisa.
- Uso da internet e dos meios de comunicação em geral para cobrar resultados. E exigir a punição dos envolvidos em "máfias" e outros escândalos.

PODER DAS LIDERANÇAS EMPRESARIAIS (E SINDICAIS) E DOS MEIOS DE COMUNICAÇÃO. E OUTROS PROJETOS

Numa sociedade aberta, politicamente, e numa economia de mercado, as lideranças empresariais e os meios de comunicação constituem lideranças naturais para o exercício do poder da sociedade.

Desta forma, algumas sugestões:

1. Papel das lideranças empresariais:
- As entidades empresariais (confederações, federações, associações) não devem limitar-se ao papel de lutar pelos legítimos interesses do seu setor, e das empresas em geral.

Cabe-lhes uma função política (e social, claro). Donde as propostas a seguir, ao lado das já feitas.

- Orientar as doações para financiamento de campanhas (dentro da lei) para o objetivo de obter que as agendas relativas ao desenvolvimento e ao país sejam prestigiadas pelos candidatos.

- Trabalhar junto ao Congresso Nacional no sentido de que a agenda legislativa do Senado e da Câmara dos Deputados (e, no que couber, das Assembléias Legislativas e Câmaras Municipais) incorpore, com prioridade, as propostas da sociedade ao Congresso (ver Síntese do Projeto, no final).
- Dialogar com o governo, dentro da mesma orientação.
- Apoiar iniciativas como o Projeto de Eliminação das *Barreiras Internas às Exportações,* que a Associação de Comércio Exterior do Brasil (AEB) vem conduzindo.
- Apoiar instituições como o FÓRUM NACIONAL — e outras — que estão trabalhando pelo Projeto de Brasil e pela economia do conhecimento.

2. Os meios de comunicação — imprensa, rádio, televisão — não devem autolimitar-se, no exercício de sua função pública. São entidades públicas não governamentais, embora, naturalmente, devam ter a natural preocupação com lucratividade. Mas têm de ir muito além disso.

Principalmente numa sociedade de massas, como a nossa, sua natural liderança deve ser usada para denunciar, sim, *mas também para cobrar a punição dos culpados. E para avaliar e cobrar, quanto ao Executivo, Legislativo e Judiciário, Ministério Público*. E avaliar e cobrar de si mesmos ("Juiz, julga a ti mesmo; cobrador, cobra a ti mesmo"). Há ou não "bom governo"? Essa questão deve estar sempre presente.

É importante, igualmente, que tenham uma agenda positiva, e não imediatista. Inclusive de médio e longo prazo, para não ficar apenas no dia-a-dia. Apoiar coisas como o Projeto de Brasil (cuja forma final vai depender do diálogo e das convergências) e a necessidade de visão estratégica, para que o país não fique apenas no imediatismo.

3. Existem outros projetos, surgidos de iniciativas diversas. São sinais de "vida inteligente", no reino do Brasil. Projetos como:
- Projeto da Confederação Nacional da Indústria (CNI) — "Crescimento, a visão da Indústria", concluído recentemente.
- "Da indignação à ação" ("Refundar nosso sistema político eleitoral") — coordenação do professor Miguel Reale Jr., na sede da Ordem dos Advogados do Brasil (OAB) de São Paulo.

- "O morro pede passagem" — entidades das favelas do Rio promovem atividades culturais — música, teatro, cinema —, "para transcender a realidade da miséria e da violência".[26]
- Projetos de entidades como a Ação Comunitária do Brasil e Comitê de Entidades no Combate à Fome e pela vida (COEP), atuando principalmente em favor de jovens em situação de risco. E o movimento "Falcão... a corrente do bem" (Tarcísio Padilha).

E, vindo de antes, o VIVA RIO e os projetos de paróquias nos morros (a exemplo do Projeto Pavão e Pavãozinho, da Paróquia da Ressurreição, no Rio).

- Projetos como o da Federação das Indústrias do Estado do Rio de Janeiro (Firjan) — "Mapa do desenvolvimento do Estado do Rio de Janeiro" —, que tem uma dimensão voltada para a transparência e a avaliação do governo e do Congresso.

Então, podemos ver: os neurônios não se apagaram.

A SUMA DAS SUMAS: "ESTA TERRA TEM DONO"

Em última análise, esta convocação da sociedade para liderar (com o Estado) a realização de um Projeto de Brasil, tem dois objetivos centrais.

De um lado, criar uma EMULAÇÃO DO BEM, para chegar ao "bom governo" e superar a EMULAÇÃO DO MAL a que vimos assistindo.

De outro, dizer aos bárbaros — em todas as suas manifestações —, e dizer a nós mesmos.

"ESTA TERRA TEM DONO".[27]

Ela não é do poder paralelo. Não é dos "mensaleiros" e "sanguessugas", não é dos populistas e todos os tipos de aventureiros políticos. Não é dos que tornam inviável a volta do Brasil às corridas olímpicas do desenvolvimento.

---

[26]Ver Revista de *O Globo*, 4/6/2006 (matéria de capa).
[27]Lembrando: neste ano de 2006, estamos comemorando os 250 anos da morte de Sepé Tiaraju, que, em 1756, foi um dos comandantes da resistência guarani, e, em geral, dos povos das Missões, aos invasores portugueses e espanhóis.

Esta terra é da ex-"maioria silenciosa" (que inclui os pobres, e principalmente os jovens em situação de risco).

E A LIÇÃO — IMPORTÂNCIA DAS ALIANÇAS

Do exposto, ficou claro que a forma de realizar-se o potencial do poder da sociedade, para definir os rumos do país, é através de alianças, principalmente com os meios de comunicação e o Estado. Só assim irá acontecer um projeto nacional.

Dentro dessa idéia, vamos, então, propor ao Estado, dizer o que dele esperamos. É o que faremos, na seção Síntese e Conclusões deste Projeto.

OPÇÕES DE DESENVOLVIMENTO:
CONSTRUÇÃO DAS BASES

"ENCONTRO MARCADO" COM O DESENVOLVIMENTO

A questão básica que se apresenta é como dar à geração que nunca viu *o Brasil crescer, praticamente* (a "geração perdida"), a oportunidade de vê-lo realizar o seu grande potencial de desenvolvimento, econômica e socialmente.

Ou seja, precisamos de um ENCONTRO MARCADO COM O DESENVOLVIMENTO.

Isso coloca, de saída o "enigma" — como reconquistar o *know how* de alto crescimento, por patamares. Primeiro, passando a um patamar mais confortável de crescimento do PIB, entre 4% a 5%, anualmente, no biênio 2007/2008. E, em seguida, a um patamar de alto crescimento — algo como 7% a 8% a.a. Com isso, estaremos voltando a ser competidores de Olimpíadas. Não devemos contentar-nos com menos.

Duas coisas devem ficar claras, desde logo. Inicialmente, o reconhecimento de que isso não é fácil. Não sabemos bem, ainda, o caminho a seguir (a estratégia, o plano de vôo), mas sabemos que será *uma senda estreita* — é preciso, simultaneamente, concluir a preparação das bases (agenda macro e agenda micro) e, indo além, deslanchar a estratégia de desenvolvimento propriamente dita. As duas agendas são complexas.

A outra coisa a tornar claro é que a experiência dos emergentes de sucesso revela (e assim foi também em relação aos países hoje desenvolvidos) não haver receitas prontas. Cada país tem de encontrar seu próprio caminho, preparar sua própria receita, atento às lições dos desenvolvidos, dos emergentes e da nossa própria experiência de desenvolvimento. Além de ser corrida de longa distância, envolvendo um certo elemento de solidão — a "solidão do corredor de longa distância".

OPÇÃO POR CONCLUIR A PREPARAÇÃO DAS BASES
PARA O CRESCIMENTO SEM DOGMATISMOS

A oportunidade subutilizada pelo Brasil

Dois fatores importantes proporcionaram ao país uma grande oportunidade para voltar ao alto crescimento.

O primeiro é que, de 1999 para cá, construímos novas famílias de políticas macroeconômicas: regime de metas para a inflação, câmbio flutuante e ajuste fiscal (orientado para reduzir a relação dívida líquida/PIB).

O segundo fator foi o fato de que, dos anos 1990 para cá, houve a "exuberância racional" na economia mundial, com forte crescimento e grande expansão do comércio e da liquidez internacional (que beneficiou muito os países emergentes).

O Brasil, nesse período, melhorou muito os seus "fundamentos" — primeiro, o Plano Real (transformando a estabilização em valor social) e, mais recentemente, a considerável redução da vulnerabilidade externa, com obtenção de grandes superávits comerciais (e até superávit na conta corrente). E redução da dívida externa.

Apenas para dar a medida daquela "exuberância racional": de 1990 a 2001, o valor das exportações mundiais cresceu a uma taxa de 7% a.a., e de 2002 para cá a taxa passou a 18%. Nessa expansão, o aumento do preço das *commodities* primárias, de 2002 para cá, tem sido um fator de grande importância. Para exemplificar, no biênio 2004/2005, o índice de *quantum* das exportações mundiais cresceu à taxa média de 10%, enquanto o índice de preços, à taxa de 16%.

Ao lado disso, a "elevada liquidez internacional foi também a responsável pelo crescimento de fluxos de capitais para mercados emergentes e pela derrubada dos prêmios de risco dos títulos de dívida soberana de praticamente *todos* os países emergentes (grifo nosso)."[28]

Sem embargo, coloca-se a questão: Por que o Brasil vem crescendo pouco? Apenas conseguimos chegar ao crescimento "morno" atual.

Na década passada, havia a dúvida hamletiana, de se deveríamos fazer políticas ativas de competitividade (política industrial, tecnológica e de comércio exterior), dúvida felizmente já superada.

Mas há dúvida sobre se realmente existe uma bem definida estratégia de desenvolvimento.

E existe a "síndrome macroeconômica".

Essa síndrome é um conjunto de anomalias, interligadas.

Uma relação dívida líquida/PIB da ordem de 50% (e um ajuste fiscal insatisfatório, obtido com aumento rápido da despesa pública e da receita); carga tributária na ordem de 38% do PIB (era 24% há 10 anos); e déficit total (ou nominal) no orçamento (3,3% em 2005), gerando mais dívida; e altíssima taxa de juros (a atual taxa Selic é a menor desde 1986, mas continua sendo uma das maiores taxas reais de juros no mundo). O Brasil está viciado em juros altos. E isso tem conseqüências graves para o problema fiscal: as despesas com juros aumentaram explosivamente sua participação na despesa total — de 18,75% em 1995 para 42,45% em 2005; segundo estudo recente.[29]

O problema da dívida pública não é só o tamanho. É também a composição, e o excessivo atrelamento à Selic (o que a torna por demais dependente da instabilidade macroeconômica).

Além disso, temos a taxa de câmbio, que flutua... para baixo. E sua contínua valorização traz vários efeitos: inúmeros setores industriais são afetados; há a tendência a estimular importações (que têm "elasticidade elevada em relação ao câmbio real"[30]) e temos o incentivo ao consumo (pela queda da relação câmbio/salário).

---

[28]Ver Affonso Celso Pastore e Maria Cristina Pinotti, "Política macroeconômica, choque externo e crescimento" (*in Por que o Brasil não é país de alto crescimento*, livro relativo ao XVIII Fórum Nacional, Ed. José Olympio, Rio de Janeiro, 2006).

[29]O trabalho é: "Execução orçamentária do Brasil: de FHC a Lula", elaborado pelo Sindicato dos Auditores Fiscais da Receita Federal em São Paulo — Unafisco-SP (ver *Jornal do Brasil*, 24/10/2006, p. A19).

[30]Affonso Pastore e Maria Cristina Pinotti, *paper* "Política macroeconômica, choque externo e crescimento", livro citado.

Nesse contexto do câmbio, duas coisas a adicionar: o aumento das importações de máquinas e equipamentos, em boa parte, está sendo para aproveitar preços mais baixos, por causa do real supervalorizado, em detrimento de fabricantes brasileiros, e não para trazer melhores tecnologias. Ao lado disso, muitas empresas brasileiras estão passando a investir no exterior não como forma de se tornarem competidores globais, mas para não perderem os mercados externos que haviam conquistado (as exportações se tornaram inviáveis).

A verdade é que *já vimos esse filme*, em diferentes versões: a valorização prolongada do real mina as bases de nossas exportações em vários setores, e produz efeitos colaterais não desejados.

No tocante à área fiscal, é importante assinalar: o tipo de ajuste fiscal que sem vem fazendo (à base principalmente de elevação da carga tributária) está esgotado. E, com isso, os orçamentos se tornaram irrealistas (daí os grandes contingenciamentos — cortes de verbas em áreas essenciais); os gastos em infra-estrutura passaram a ser, praticamente, residuais (0,6% do PIB, em comparação com 6,7% da conta de juros).

Há, então, um verdadeiro "bloqueio fiscal", levando o orçamento federal a uma camisa-de-força. E isso por causa, principalmente, da transformação do Brasil em "economia de transferências", como dizia relatório do Banco Mundial no início dos anos 1990. *As transferências a pessoas — benefícios previdenciários, inativos e pensionistas (previdência pública), benefícios assistenciais e subsídios —, somadas aos gastos de pessoal ativo e aos gastos obrigatórios de saúde, que formavam um conjunto representando 28% das despesas (não financeiras) em 1987, alcançaram 89% em 2005. E tudo isso é gasto obrigatório.*

Enquanto isso, os gastos com investimentos, no mesmo período, caíram de 15% para 3%. Ou seja, o Orçamento perdeu importância para o desenvolvimento: os investimentos são residuais e não há recursos para apoiar programas regionais e locais de emprego.

O Quadro 1, a seguir, torna tudo isso muito claro.

Quadro 1
EVOLUÇÃO DAS PRINCIPAIS CATEGORIAS DE DESPESAS NÃO-FINANCEIRAS (EM % DO TOTAL)

	1987	2005
TRANSFERÊNCIAS DIRETAS A PESSOAS	22,3	60,0
Benefícios assistenciais e benefícios subsidiados*	3,1	21,2
Previdência pública (inativos e pensionistas)	6,2	11,9
Benefícios do INSS acima de 1 Salário Mínimo (SM)	13,0	26,9
DESPESA COM PESSOAL ATIVO	*16,0*	*14,0*
SAÚDE (DESPESAS CORRENTES)	*8,0*	*8,3*
OUTROS GASTOS CORRENTES — OBRIGATÓRIOS**	*0,0*	*6,2*
SUB-TOTAL — GASTOS CORRENTES OBRIGATÓRIOS	46,3	88,9
INVESTIMENTOS	15,4	3,1
TOTAL	100,0	100,0

*Benefícios do Instituto Nacional de Seguridade Social (INSS) de 1 SM, benefícios da Lei Orgânica de Assistência Social (LOAS), renda mensal vitalícia (RMV), seguro-desemprego e Bolsa Família.
**Itens de maior peso: tranfs. Lei Kandir, subsídios e subvenções (empresas), poderes autônomos, Fundo de Garantia por Tempo de Serviço (FGTS), sentenças judiciais, Fundo Constitucional do DF, complementação Fundef.

FONTE: Quadro preparado para o Fórum Nacional por Raul Velloso.

Em verdade, os gastos obrigatórios representam hoje cerca de 90% da despesa total orçamentária. Ou seja, não há quase margem para escolha. É preciso, então, reconhecer que há um desequilíbrio estrutural, e mudar parâmetros.

Em síntese, o problema pode ser colocado da seguinte forma: *a despeito dos progressos realizados, a área macroeconômica continua sendo grave obstáculo ao crescimento rápido, principalmente do setor privado. Sem falar nos problemas de logística-transporte.*

SÍNDROME MACROECONÔMICA — CAMINHOS DE SAÍDA

Inicialmente, a orientação geral a ser adotada quanto às políticas macroeconômicas: *gestão sem "dogmatismos", principalmente com relação à política monetária* (Pastore e Cristina: evitar "fervor quase religioso na execução da política monetária").

Por quê? É a lição internacional: não há receitas prontas. Os objetivos são definidos, mas deve haver certa flexibilidade no uso de instrumentos.

E alguns pontos básicos a serem tidos em mente.

Primeiro, atenção para os riscos resultantes do fato de que há "atualmente um desequilíbrio internacional, com os países avançados, principalmente os Estados Unidos, com níveis baixos de poupança e com crescimento econômico acelerado, o que eleva seus déficits em contas correntes, e o conjunto de países emergentes com poupanças elevadas, do outro lado, produzindo superávits nas contas correntes, exportando capitais e acumulando reservas. Enquanto crescem os déficits nas contas correntes dos países avançados, elevam-se os superávits nas contas correntes dos países emergentes". Evidentemente, esse "desequilíbrio global", mais cedo ou mais tarde, tenderá a voltar a uma situação mais normal, de "equilíbrio global", "o que terá reflexos sobre as economias dos mercados emergentes de um modo geral, e a economia brasileira, em particular".[31]

Em segundo lugar, como observa Delfim Netto[32], as novas famílias de políticas macroeconômicas só funcionam bem se forem observados os seus condicionamentos básicos. No caso do regime de metas de inflação, o condicionamento principal é que os preços administrados não tenham participação excessiva na taxa de inflação. Porque, obviamente, com isso a política de fixação da taxa Selic perde muito do seu efeito. E ocorre que, segundo o Relatório Anual 2005 do Bacen, no mesmo ano, os "preços monitorados" (preços administrados) representaram quase 50% do aumento do Índice de Preços ao Consumidor Amplo — IPCA (47%, para ser exato).

No caso do regime de câmbio flutuante, um dos condicionantes básicos é que não haja flutuações violentas, para cima ou para baixo, da taxa de câmbio. Ou seja, a flutuação deve ocorrer dentro de uma faixa considerada razoável, e não deve ser sempre numa direção — como agora, para baixo.

O terceiro ponto é que mesmo as *políticas macroeconômicas* — e principalmente a política fiscal — *devem ser consideradas dentro de uma visão de longo prazo.*

Vejamos algumas idéias para as diferentes políticas.

---

[31]Pastore e Cristina — *paper* citado.
[32]Deputado Delfim Netto, artigo no livro *Crise política e reforma das instituições do Estado brasileiro*, Ed. José Olympio, 2005 (Fórum Especial de setembro/2005).

Reforma fiscal

No caso das contas públicas, devido ao "bloqueio fiscal" existente, há necessidade de uma verdadeira REFORMA FISCAL, com o objetivo de ter um ajuste fiscal de longo prazo que viabilize a redução progressiva da relação dívida/PIB, *e crie condições para a redução da carga tributária e a reforma tributária*. Estas duas últimas coisas, no momento, não irão ser postas em prática por nenhum ministro da Fazenda. Inútil, da parte dos empresários, ficar reivindicando a sua realização — *é preciso criar condições para que possam acontecer.*

E isso só ocorrerá com um novo modelo de ajuste fiscal — uma reforma fiscal como a que estamos propondo. Segundo coloca Raul Velloso[33]: "Não tem milagre: é cortar os gastos ou crescer pouco." O ministro Mantega já definiu: reduzir impostos e colocar "um freio nas despesas correntes" são as prioridades.[34]

Isso significa *mexer no Estado*. Nos últimos tempos, o Estado brasileiro tem estado quietinho, crescendo, crescendo, em termos de gastos e de impostos. Chegou o momento de parar com isso, para irmos às raízes da "armadilha fiscal" em que nos metemos, principalmente a partir de alterações feitas na Constituição de 1988, e outras mais recentes, sempre com o resultado de completar a conversão do Brasil em Economia de Transferências e fazer com que as despesas obrigatórias fiquem bem próximas do total da despesa, segundo visto.

Algumas linhas de ação.

Primeiro, revisão de funções e estruturas do Estado brasileiro. Há ministérios que privatizaram todas as empresas a eles vinculados e continuam com a mesma estrutura. Outros ministérios transferiram atribuições para estados e municípios e permanecem com a mesma estrutura.

Cabe um avanço para a Administração Permanente (que pouco muda quando sai um ministro e entra outro, na rotatividade tão freqüente no país). Isso deve implicar redução do número de cargos em comissão. Enquanto nos Estados Unidos um novo presidente da República pode substituir titulares de 2.000 cargos, no Brasil são 20.000. Por isso, é freqüente haver terremotos na administração brasileira, com as trocas de ministros.

---

[33]Raul Velloso, entrevista ao *Jornal do Commercio*, 14/8/2006, p. A-2.
[34]Matéria no jornal *Valor*, 29, 30/9 e 1º/10/2006, primeira página.

Em segundo lugar, é necessário estabelecer limites para todos os tipos de despesa: gastos de pessoal, gastos assistenciais. E também para toda a máquina do Estado, inclusive o Poder Judiciário e o Congresso, que já têm, em valor absoluto, uma grande Despesa, que na prática cresce sem limite. É por isso que, por exemplo, um deputado (em março de 2005), tinha como vencimento R$ 12,5 mil, mas custava aos contribuintes R$ 95 mil (porque recebe inúmeras mordomias: verba de gabinete, verba de representação nos estados, verba para despesas postais e telefônicas, verba para passagens aéreas, auxílio moradia).[35]

A propósito, notar que a participação dos Poderes Legislativo e Judiciário no total da despesa de pessoal cresceu meteoricamente, passando de 5,8% em 1987 para quase 20% em 2005. E a quase regra é admissão sem concurso: segundo matéria em *O Globo* (28.4.05, primeira página), — "Congresso Nacional contrata 72% do quadro sem concurso".

Terceiro, cabe estabelecer uma agenda mínima para o sistema previdenciário do INSS, a qual poderia ser:

- Desvinculação dos benefícios em relação ao salário mínimo, estabelecendo-se uma regra para os reajustes anuais de benefícios (por exemplo: correção pelo IPCA).
- Elevação da idade mínima para aposentadoria dos trabalhadores rurais, para o mesmo nível dos trabalhadores urbanos, passando de 60 para 65 anos.
- Elevação da idade mínima para o benefício da LOAS, passando dos atuais 65 anos (fixados no Estatuto do Idoso), para os 70 anos previstos na legislação original.
- Fixação de idade mínima para aposentadoria por tempo de contribuição (mulheres: 55 anos, homens: 60 anos).
- Introdução de redutor na fórmula do fator previdenciário, que reflita os custos dos demais benefícios além da aposentadoria por tempo de serviço.

São propostas razoáveis, principalmente considerando que a questão de previdência, no Brasil, caminha para a inviabilidade: há beneficiários demais

---

[35]Ver *Jornal do Brasil*, 17/3/2005, página A2.

para contribuintes de menos; o volume de subsídios, a todas as faixas de renda, é incomensurável; e a evolução demográfica tende a tornar o sistema inviável. Já existe enorme *déficit* de caixa, a expectativa de vida dos beneficiários aumenta rapidamente e a transição demográfica vai trazer um aumento da participação da população acima de 60 anos.

A quarta linha de ação refere-se à previdência dos servidores públicos ("inativos e pensionistas"), que já representa 45% das despesas de pessoal da União. Aqui, a participação dos subsídios é muito maior que no sistema do INSS. Há mudanças a fazer, principalmente quanto à idade mínima e regime previdenciário dos militares. E é preciso constituir os fundos de previdência complementar, criados pela EC 20/1998, *e até hoje sem regulamentação.*

A quinta diz respeito à política de pessoal: de 2003 para cá, tem prevalecido a orientação de expansão do número de ministérios e secretarias, expansão do quadro de pessoal (aumento de cerca de 16% em pessoal civil, no período 2003/2006, e 9% no pessoal militar).[36] O complemento dessa orientação tem sido concessão de aumentos salariais reais aos servidores públicos, principalmente para as carreiras de nível médio e auxiliar, que já ganham melhor que as funções correspondentes do setor privado.

A sexta linha de ação é a implementação de um novo modelo financeiro para as universidades públicas e hospitais públicos. A idéia central consiste em que o modelo existente, de 100% de financiamento pelo Tesouro Nacional, é desprovido de sentido e já faliu há bastante tempo. O novo modelo significa estabelecer um certo limite anual para os recursos a serem providas pelo Orçamento. O que exceder tal limite tem de ser obtido através de projetos com a iniciativa privada, através de fundações ou outros mecanismos. A Universidade de São Paulo (USP) já faz assim: a Faculdade de Administração e Economia, por exemplo, criou a Fundação Instituto de Pesquisas Econômicas (Fipe); e o Instituto do Coração (Incor) tem convênio com planos de saúde.

---

[36] Jornal *Valor*, 17/5/2006 (entrevista de Sérgio Mendonça, secretário de Recursos Humanos do Ministério do Planejamento).

Política monetária ("sem dogmatismos")

Orientação proposta por Pastore/Cristina[37], sobre dois pontos básicos:

- "(...) a única alternativa racional que se apresenta ao Banco Central *é acelerar a velocidade de redução da taxa Selic*", porque "(...) existem hoje todas as condições objetivas da economia para que ela seja aceita e implementada" (grifos nossos).

E também: "Bancos Centrais tomam suas decisões olhando para a frente, e não para os dados passados".

- Usar a margem de variação permitida pela meta de inflação, e não se fixar apenas no centro do alvo (é para isso que a margem existe).

Mais recentemente, o Ministério da Fazenda tem cuidado de outro aspecto do problema — a redução do *spread* (que, segundo Edward Amadeo, em artigo para o *Valor*, responde por 2/3 da taxa de juros cobrada, em média, pelos bancos).

A esse respeito, Claudio Haddad, em entrevista a jornal de São Paulo[38], dá opinião que, há algum tempo, foi objeto de *paper* de economista do FMI: "Setor (bancário) tem concorrência limitada." E o subtítulo da matéria: "Para economista, a falta de competição é um dos fatores que explicam a alta lucratividade dos bancos no Brasil."

E o ministro Mantega, da Fazenda: "Os bancos precisam fazer a parte deles."[39] Subtítulo: "Mantega diz que há espaço para corte nos *spreads*."

Política de câmbio

Como já deu para perceber, o problema da política de câmbio é complexo. Essencialmente, é difícil evitar a valorização contínua do real quando existem, ao mesmo tempo, um grande superávit comercial (US$ 44,8 bilhões em

---

[37]Affonso Celso Pastore e Maria Cristina Pinotti, "É preciso acelerar a queda da taxa Selic", artigo em *Valor Econômico*, 14 e 15 de novembro de 2005.
[38]Ver *O Estado de S. Paulo*, 15/8/2006, p. B5
[39]*Gazeta Mercantil*, 14/8/2006, primeira página.

2005) e considerável superávit em transações correntes (US$ 14,2 bilhões, no mesmo ano), de um lado; e, de outro, também tendência a superávit na conta de capital e financeira: teria havido superávit de US$ 14,5 bilhões se o Bacen não houvesse antecipado o pagamento da dívida com o FMI (em US$ 23,3 bilhões).

Só que a valorização vai minando as bases da nossa estratégia de comércio exterior (desaceleração de exportações, aceleração de importações, aumento das remessas de lucros e dividendos), num quadro em que nossa base exportadora tem de superar até *barreiras internas às Exportações*[40] (custos tributários elevados, custos de transações cambiais e financeiras na Exportação, custo das elevadas taxas portuárias, custos altos dos procedimentos burocráticos e, naturalmente, custos dos gargalos logísticos).

Para aprofundar a questão, lembremos que o período iniciado em 1999 atraiu muitas empresas para o mercado externo (freqüentemente dentro da estratégia de duplo mercado, como deve ser — mercado interno e mercado externo). Segundo se assinalou: "Introjetar esse mercado na lógica estratégica e decisória das empresas foi talvez a mudança essencial para o país aprofundar sua inserção produtiva na economia mundial, expandir as importações e a corrente de comércio, e se refletiu num *compromisso crescente da indústria com o mercado externo* (grifo nosso)."

Assim é que a dinâmica da inserção externa da indústria de transformação mostra: em 1999, a relação exportações/PIB era de 14,3%; em 2004, 23%. Para a relação importações/PIB, os dados são, respectivamente, 6,5% e 7,9%. E o saldo comercial do setor passou de (-) US$ 4,9 bilhões para US$ 18,2 bilhões.

Benedito Moreira assinala que os grandes superávits comerciais brasileiros recentes estavam assentados em três fatores: forte crescimento da demanda mundial (aumento em 2002, 3,8%; em 2004, 21,5%); o grande salto do agronegócio brasileiro, mas que já está perdendo o fôlego; e "o fato de que mais de 50% da exportação é realizada por multinacionais que têm mercados próprios, e parte expressiva do restante das vendas externas é feita por grandes empresas brasileiras em processo de internacionalização".

---

[40] Ver Benedito Fonseca Moreira, presidente da Associação de Comércio Exterior do Brasil (AEB), artigo no jornal *Valor*, 26/7/2006, p. A10.

Mas em 2006, segundo Cláudio F. Frischtak,[41] uma combinação de forte apreciação cambial (acumulada com a que já tinha ocorrido o ano passado), e ausência de ações decisivas de reduções de custos ex-fábrica (os citados acima), principalmente aqueles relativos à logística exportadora e de comércio exterior, vem levando as empresas a desistirem — no caso de Pequenas e Médias Empresas (PMEs) — ou reduzirem — no caso das maiores — sua exposição relativa ao mercado externo. Observa-se — ainda que de forma tentativa — a transferência de plataformas produtivas para fora do país. Este movimento, mais evidente em alguns setores intensivos em insumos domésticos e com possibilidades limitados de aumentos de preços — a exemplo de calçados e móveis, e também têxteis, automotiva e bens de capital — deverá se aprofundar (à medida da valorização do real —, e introduzir um elemento de irreversibilidade extremamente adverso na economia do país): "impedir o Brasil de, mais uma vez, mudar de patamar exportador, aprofundar a abertura e impulsionar o crescimento".

Os sinais inquietantes se multiplicam:

- No primeiro semestre deste ano, o aumento do valor das exportações (em comparação com o mesmo período do ano passado) foi de 13,5% para 21,6% das importações.[42]

E, segundo o secretário de Política Econômica do Ministério da Fazenda, "(...) o crescimento das exportações brasileiras, *em volume*, vai ficar abaixo da média mundial este ano, prevista em 8%. A alta brasileira deve ficar próxima dos 4,7% registrados nos últimos 12 meses e vai interromper um ciclo positivo que começou em 2001."[43]

- "Indústria exportadora cresce abaixo da média: produção de quem vende ao menos 20% no exterior subiu 2,9% em 2006; percentual geral foi de 3,3%."[44]

---

[41]Em *paper* juntamente com Marco Antônio F. Cavalcanti ("A dinâmica do setor externo e a agenda de política para o novo ciclo"), no citado livro referente ao XVIII Fórum Nacional.
[42]Funcex — Balança Comercial Brasileira, janeiro/junho/2006.
[43]Jornal *Valor*, primeira página, 2/8/2006.
[44]*Gazeta Mercantil*, 7/9 julho/2006, primeira página.

- "38% das exportações são feitos sem margem de lucro", segundo estudo da Federação das Indústrias do Estado de São Paulo (Fiesp).[45]
- "Câmbio reduz volume exportado em 12 setores", de 27 setores considerados por estudo da Fundação Centro de Estudos do Comércio Exterior (Funcex).[46]
- "Câmbio faz Indústria descarregar no país os produtos "tipo exportação" (matéria de *O Estado de São Paulo*, 14/8/2006, p. B5). É a volta do comportamento anticíclico das exportações.
- "Importação de bens de consumo sobe 36% no primeiro semestre."[47] Como, aliás, está na previsão de Pastore-Cristina, citada anteriormente.
- "Câmbio acelera importação de matéria-prima."[48]
- "Dobram importações de bens de consumo duráveis".[49]
- "Brasil perde espaço (nas exportações) nos Estados Unidos, México, Rússia e África do Sul."[50]

O problema está à vista. Resta saber o que fazer. Talvez atuar em três frentes.

Na primeira, como sugerem Pastore e Cristina, deve haver ação de governo para fortalecer os setores e cadeias produtivas em que somos competitivos, em condições de normalidade mundial.

A segunda consiste em reformas econômicas na área cambial. O governo já está atuando neste sentido e, em 26.7, anunciou o "pacote" cambial, em que se destacou a autorização para que "(...) empresas, de qualquer porte ou setor", possam deixar no exterior até 30% do total de recursos auferidos com exportações, para honrar compromissos com financiamentos fora do país. E caberá ao Conselho Monetário Nacional, a qualquer tempo, fixar novo percentual, de 0% a 100%.

Ao mesmo tempo, o secretário do Tesouro Nacional, Carlos Kawall (em 22/8), anunciou que a "partir de agora, os dólares para esses pagamentos (de compromissos da dívida externa) serão obtidos preferencialmente no mercado interno", em lugar de captados no exterior.

---

[45]Consoante *Gazeta Mercantil*, 21/9/2006, primeira página.
[46]*Valor*, 10/8/2006, p. A3.
[47]*Folha de S. Paulo*, 4/7/2006, p. B1.
[48]*O Estado de S. Paulo*, 16/10/2006, p. 35.
[49]Jornal *Valor*, 20, 21 e 22/10/2006, primeira página.
[50]Jornal *Valor*, 29, 30/9 e 1º/10/2006.

A terceira frente refere-se à melhoria da logística de comércio exterior. Estamos falando não apenas de investimentos públicos em infra-estrutura física, mas também de reformas de gestão, como apresentaremos mais adiante.

Em suma, na área macroeconômica, estamos propondo um ataque múltiplo à "síndrome" referida, com ênfase em três pontos: prosseguimento da redução dos juros reais, reforma fiscal e ajuste cambial. Assim se poderá criar uma âncora macroeconômica (com vistas à preparação das bases para o crescimento e à ação preventiva contra futuras situações de instabilidade na economia mundial), através dessa atuação conjugada e da melhor coordenação entre as três famílias de políticas macro.

Em nosso entender, a questão dos juros é a que mais exige alguma flexibilidade, por parte da área macroeconômica. A reforma fiscal, a mais difícil, politicamente. Mas de extrema importância. O ajuste cambial, a mais complexa, tecnicamente.

Há necessidade de tocar as três frentes, simultaneamente. Porque há necessidade de ser *mainstream* em matéria de fundamentos. Realmente, "a vida é muito perigosa".

NOVO PAPEL DO MERCADO DE CAPITAIS

Está-se configurando, realmente, um novo e mais importante papel do mercado de capitais no financiamento do desenvolvimento brasileiro.

Esse papel se revela, principalmente, em dois aspectos. De um lado, a muito maior dimensão quantitativa que o mercado de capitais está assumindo, como assinalou Roberto Teixeira da Costa (aliás, primeiro presidente da Comissão de Valores Mobiliários — CVM). Assim é que, em 2005, o mercado supriu mais recursos para companhias abertas do setor privado do que o BNDES (que, por sua vez, está bem mais atuante); e 2006 está sendo um "ano excepcional para o mercado acionário em termos de emissões de novas ações e ofertas secundárias".

O segundo aspecto é que o progresso da regulação (na área da CVM) deu origem a novos mecanismos do mercado de capitais para financiar o crescimento. Mecanismos como securitização de recebíveis e fundos de recebíveis; *project finance*, para financiamento de projetos de infra-estrutura; fundos de *venture capital* (empresas inovadoras de alto risco), fundos de *private equity*.[51]

OPÇÃO POR UMA ESTRATÉGIA DE DESENVOLVIMENTO VOLTADA PARA A INOVAÇÃO E A ECONOMIA DO CONHECIMENTO (COM OPORTUNIDADE PARA O NORDESTE E A AMAZÔNIA)

"Em tempos de mudança, os que aprendem herdam o mundo"

Erich Fromm

QUARTO MOMENTO — INDO ALÉM E OPÇÃO PELA ECONOMIA DO CONHECIMENTO

Mostrou-se, já, a essencialidade de concluir a preparação das bases para o crescimento. Isso é condição necessária, mas não suficiente.

Então, há necessidade de ir além.

O próprio presidente do Bacen declarou: "Inflação baixa não basta para o país crescer".[52]

Douglas North, Prêmio Nobel de Economia e famoso pela ênfase atribuída ao ambiente institucional no desenvolvimento, em recente vinda ao Brasil (Seminário Internacional promovido pelo BID-Banco de Desenvolvimento de Minas Gerais — BDMG, em Belo Horizonte), reafirmou sua conhecida lição, no sentido de que, para alcançar o desenvolvimento, é essencial que os países vivam num regime de Estado de direito, o Judiciário seja eficiente na vigilância do cumprimento de contratos e a propriedade privada seja rigorosamente

---

[51] A propósito, ver o livro *Soluções do mercado de capitais para o crescimento sustentado* (organização de Carlos Antônio Rocca, Estudos Ibmec 3).
[52] Entrevista ao jornal *Valor*, 22/2/2006, p. A 2.

respeitada. "*Mas não é suficiente. É fundamental que haja uma política de incentivos à ação dos indivíduos e das empresas*" (grifo nosso).[53]

E citou, a propósito, o exemplo da China.

De forma mais explícita, Affonso Pastore falou: "*O governo não tem um projeto para o país, não há um projeto de crescimento (...)*" (grifo nosso).[54]

Estabelecida a necessidade de uma "estratégia de desenvolvimento", uma visão estratégica, um plano de vôo, a indagação é — que tipo de estratégia? Ora, o paradigma moderno de desenvolvimento se baseia na "revolução do conhecimento". É ele que prevalece nos países desenvolvidos e na Coréia, onde mais de 50% do PIB já são gerados pelas atividades de criação, transmissão e disseminação do conhecimento.

E para ele estão evoluindo países emergentes como a China, que tem um programa de economia do conhecimento desde 2001.[55] E a Índia, desde 2005.[56]

Diante disso, nossa proposta é que o Brasil faça a *opção por uma estratégia de desenvolvimento voltada para a INOVAÇÃO e a ECONOMIA DO CONHECIMENTO.*

Só assim poderemos evoluir para o paradigma econômico emergente, que incorpora e supera a revolução tecnológica baseada na informação, e queimar etapas, dando saltos de competitividade capazes de levar-nos de volta ao alto crescimento — um quarto momento. E competir com emergentes como China e Índia.

Espaço de transição — modernização dos setores de apoio, e principalmente a logística

Antes de apresentar o modelo de economia do conhecimento, uma palavra sobre o espaço de transição entre a reparação das bases e a estratégia de desenvolvimento propriamente dita. Ou seja, a importância da modernização dos setores de apoio — essencialmente, a logística. O problema, fundamentalmente, é que, como se sabe, a logística brasileira é cara e ruim, e, por isso, constitui obstáculo.

---

[53]*Gazeta Mercantil*, 31/3 e 1°/2 de abril de 2006, p. A14.
[54]Entrevista ao caderno "Eu & ...", jornal *Valor*, 27/29 de janeiro, 2006, p. 13.
[55]"China and the Knowledge Economy — Seizing the 21st Century" (coordenação de Carl J. Dahlman e Jean-Eric Aubert), publicação conjunta da Região da *East Asia* e Pacífico (BID) e do World Bank Institute, Washington, 2001.
[56]*India and the Knowledge Economy — Leveraging Strengths and Opportunities*, Coordenação de Carl Dahlman e Anuja Utz, Publicação do BID, 2005.

Dados do Coppead mostram que o custo da logística, no Brasil (2004), alcança 12,8% do PIB (transportes, 7,7%; estoque, 3,9%; armazenagem, 0,7% e custo administrativo, 0,5%), enquanto nos Estados Unidos (onde o sistema é muito bom) fica apenas em 8,2% do PIB.

Em síntese, o problema da logística brasileira tem de ser atacado em três linhas de ação:

1. Modernizar os nossos principais Corredores de exportação, segundo o padrão Companhia Vale do Rio Doce (CVRD).
2. Criação de condições favoráveis ao investimento privado (inclusive fazendo deslanchar as Parcerias Público-Privadas (PPPs).
3. Modernização do Ministério dos Transportes (dotando-o de capacidade de planejamento estratégico) e outras decisões de gestão, como a despolitização das Companhias Docas e agências executivas como o Departamento Nacional de Infra-estrutura de Transportes (DNIT).[57]

No tocante aos corredores de exportação, três coisas são essenciais: que sejam concebidos dentro da lógica de cadeia produtiva, desde a região produtora ao porto (segundo o modelo dos corredores da CVRD); que tenham fluidez, sem os atuais gargalos rodoviários e ferroviários; e que haja a visão de logística multimodal (operação em diversos modos de transporte, segundo a necessidade, dentro do mesmo contrato de operação). Neste ponto, novamente o modelo é a CVRD.

O BRASIL E A ECONOMIA DO CONHECIMENTO

A economia do conhecimento resulta da grande força transformadora de nossa época — a Revolução do Conhecimento. Revolução que tem por trás, principalmente, quatro grandes impulsos:

- O efeito das tecnologias genéricas e, em particular, das tecnologias de informação e comunicações (TICs) e a biotecnologia (novas formas de vida, em nível molecular).

---
[57]Ver *paper* de Cláudio R. Frischtak e Marco Antônio F. R. Cavalcanti, já citado.

- A redução constante e drástica dos custos de transportes e comunicações. E, em geral, dos custos de novas e rápidas mudanças tecnológicas, que se podem sintetizar na conhecia Lei de Moore. Lei que, em 2005, completou 40 anos, e continua válida.[58] É todo o problema da miniaturização da capacidade de processamento dos *chips* (microprocessadores).
- O avanço do capital humano, não apenas pelo desenvolvimento educacional, mas também de aprendizado (todas as formas de qualificação), e aprendizado permanente (reciclagem contínua).
- Mais recentemente, tendência a convergências tecnológicas, principalmente na área das TICs (são todas digitais). E, em conseqüência, coisas como a multimídia — som, voz, imagem, dados.

Essa revolução do conhecimento tem mais capacidade transformadora, da economia e da sociedade, do que todas as revoluções tecnológicas anteriores, desde a Revolução Industrial, na altura de 1780. Porque significa, em essência, dar densidade de conhecimento a uma e outra (economia e sociedade).

Como colocou Peter Drucker: "A continuidade desse processo (de aplicação do conhecimento ao conhecimento) é que está moldando a nova sociedade. Novas tecnologias não vão "resolver o futuro". O que vai resolvê-lo é tornar o conhecimento produtivo de maneiras originais. Isso é 100% válido para o Brasil".[59]

Por outro lado, como já dizia Charles Dickens, às vésperas da Revolução Francesa,[60] toda revolução significa oportunidade e risco. No caso, aos riscos, assimetrias e exclusões da globalização (produtiva e financeira) vêm somar-se novos riscos — exclusão digital, hiato do conhecimento. Ou seja, novas formas de exclusão social.

Para superá-los, é preciso dispor de valores, e valores humanistas. Isso é papel intransferível da SOCIEDADE, tanto no caso da globalização como no da economia do conhecimento. Ainda a entrevista citada: "A ênfase de Drucker é na *realização do ser humano*" (grifo nosso). Ele "(...) quer encaixar o homem,

---

[58]Na regra prática "profetizada" por Gordon Moore, à época presidente da Intel, o poder de processamento dos *chips* (processadores) dobraria a cada 18 meses.
[59]Ver entrevista a *Exame*, 15/5/2002, p. 88.
[60]Lembrar *A tale of two cities*: "Era o melhor dos tempos, era o pior dos tempos (...) Era a primavera da esperança, era o inverno do desespero, nós tínhamos tudo diante de nós, nós não tínhamos nada diante de nós (...)".

e o que ele produz, na aventura humana maior. Não produtos, não tecnologias, não empresas". São meios. "Pessoas" — são o fim.

Por isso, a concepção de economia do conhecimento que se propõe para o Brasil baseia-se em três idéias impulsionadoras.

A primeira é levar o conhecimento — sob todas as formas: educação (melhor, aprendizado), ciência/tecnologia (tecnologias genéricas, tecnologias específicas do setor, engenharia de produto e processo), informação, *design*, *marketing*. Métodos modernos de *management*, marca, logística — *a todos os setores da Economia*. Inclusive ao agronegócio e a outros setores intensivos em recursos naturais.

Não se trata, pois, apenas de desenvolver novas tecnologias. Trata-se de agregar valor aos mais diferentes setores, através de maior conteúdo de conhecimento.

A segunda idéia é levar o conhecimento a todos os segmentos da sociedade, inclusive os de renda baixa. Para dar maior conteúdo de capital humano ao país, em todas as categorias sociais, por razões econômicas e sociais.

Sem isso, está-se desvirtuando a economia do conhecimento.

A terceira idéia objetiva é o uso do conhecimento para desenvolver a criatividade no desenvolvimento nacional. Criatividade nas empresas, para agregar valor. Criatividade nos recursos humanos, para torná-los mais produtivos e para desenvolver cultura e seu conteúdo humanista (civilização).

Com base nessas idéias, propõe-se para o Brasil um modelo de economia do conhecimento constituído de duas portas de entrada e quatro dimensões, como segue:

Porta de entrada (I): Universalizar a inclusão digital, para o desenvolvimento econômico e a transformação social.

Porta de Entrada (II): Desenvolver biotecnologia para os pobres.

1. Usar o conhecimento, e particularmente as tecnologias transformadoras da economia e da sociedade (como as TICs e a biotecnologia) para criar *competitive edges* (vantagens competitivas).
2. Estratégia de competitividade internacional voltada para a criação de elasticidade nas nossas vantagens comparativas (usando as "especializações avançadas", *à la* Hicks).

3. Oportunidade para o Nordeste e a Amazônia, com base em estratégia voltada principalmente para exportar e influenciada pela economia do conhecimento.
4. Nova oportunidade para o Brasil, pela sua conversão em país de alto conteúdo de capital humano (CH).

Uma palavra sobre cada um dos componentes do modelo.

PORTA DE ENTRADA (I): UNIVERSALIZAR A INCLUSÃO DIGITAL, PARA O DESENVOLVIMENTO ECONÔMICO E A TRANSFORMAÇÃO SOCIAL[61]

A razão de ter-se definido a universalização da inclusão digital como porta de entrada para a economia do conhecimento é que esta última se baseia na sociedade da informação e do conhecimento, que está digitalizada. As TICs são a sua principal tecnologia genérica. O significado disso é que a inclusão digital constitui, hoje, uma segunda espécie de alfabetização. Existe a alfabetização em português (a tradicional), e passou a existir a alfabetização em informática (o passaporte para a sociedade da informação e a economia do conhecimento).

E, nesse contexto, a tecnologia-chave é a internet, pois permite levar a informação, e o conhecimento em geral, a pessoas, firmas e instituições.

Para realização do objetivo citado, é indispensável haver um programa de universalização da inclusão digital, em período razoável, de modo a evitar as novas formas de exclusão social e preparar o capital humano indispensável à economia do conhecimento. É oportuno notar que, atualmente, a concentração do acesso à internet nas classes A e B é 50% maior que a concentração de renda no país. E que, em matéria de acesso, a posição do Brasil é, digamos, intermediária, mundialmente: o acesso passou de 9,8 milhões de famílias em setembro de 2000 para 20 milhões em setembro de 2006.

---

[61] O texto é baseado no *paper* apresentado por Cláudio R. Frischtak ao Fórum Especial de setembro último ("Inclusão digital para o desenvolvimento econômico e a transformação social").

Pela evidência existente, o principal obstáculo a superar é o custo da conexão à internet, que é muito elevado (principalmente quanto à banda larga). Em seguida, a sugestão de bases para o programa:

- Evitar a concentração em acesso coletivo, estabelecendo acessos múltiplos — famílias, escolas, telecentros, quiosques de digitação.
E os pontos de acesso coletivo devem ser localizados principalmente nas escolas, a fim de fazer parte da educação para a economia do conhecimento.
- O programa Computador para Todos, que o governo já vem realizando, deve ser avaliado, para efeito de ampliação, dentro do escopo mais amplo aqui proposto.

Cabe assinalar que a indústria de computadores, no país, já está atuando no sentido da ampliação do acesso, através da redução de preço dos computadores.[62] Estão os principais fabricantes avançando no sentido da popularização do PC, atingindo os consumidores das classes C e D.

- Objetivar também a redução dos custos de conexão, inclusive com adoção de novas tecnologias (ex.: via rádio).
- Dar ênfase ao desenvolvimento do *e-gov*, pela importância que a interlocução com os órgãos de governo — em níveis federal, estadual e municipal — tem para as famílias.

PORTA DE ENTRADA (II): DESENVOLVER BIOTECNOLOGIA PARA OS POBRES[63]

É importante que o pobre seja incluído em todas as áreas da economia do conhecimento, que podem atender melhor algumas de suas necessidades básicas.

Essa idéia nos leva a propor uma segunda porta de entrada — a biotecnologia. Vejamos sua grande utilidade para a pobreza e os passos que já estão sendo dados.

---
[62]Ver matéria no jornal *Valor*, 19/10/2006, p. B3.
[63]Ver, a propósito, matéria em *O Globo* 1º/10/2006, p. 43.

De um lado, cabe mencionar os avanços recentes, dentro desse objetivo de orientar a biotecnologia, também, para resolver os problemas dos pobres: feijão enriquecido com proteína de castanha do caju, banana enriquecida com vitamina A; alface contra diarréia infantil; proteína para combater imunodeficiência, no leite de cabra. "É a ciência, unindo a biotecnologia, os transgênicos e a engenharia genética em geral, e produzindo efeitos para reduzir a pobreza e as doenças do país."

Os principais mecanismos de implementação dessa frente de atuação são: a Rede Nordeste de Biotecnologia (Renorbio), do Ministério da Ciência e Tecnologia (MCT), com recursos dos fundos setoriais de tecnologia; a rede de alimentos funcionais, da Empresa Brasileira de Pesquisa Agropecuária (Embrapa); e o Fundo Tecnológico (Funtec) do BNDES.

DIMENSÃO I
USAR O CONHECIMENTO, E PRINCIPALMENTE AS TECNOLOGIAS TRANSFORMADORAS DA ECONOMIA E DA SOCIEDADE, PARA CRIAR *COMPETITIVE EDGES* (VANTAGENS COMPETITIVAS)

Para fazer acontecer essa primeira dimensão, temos de desenvolver várias *frentes estratégicas*, como as que seguem.

PRIMEIRO MOMENTO: SALTO EM INOVAÇÃO, PARA COMPETIR ATRAVÉS DE "EMPRESAS INTELIGENTES"

É conhecida a colocação de Baumol,[64] para quem a inovação, modernamente, é o "motor do crescimento do livre mercado". Seu argumento: "(...) Em áreas-chave da economia, o instrumento por excelência da competição não é o preço, mas a inovação. Como resultado, as firmas não podem deixar a inovação ao sabor do acaso. Em lugar disso, sua direção é forçada, por pressões de mercado, a apoiar a atividade inovativa *sistematicamente e substancialmente*

---

[64] William J. Baumol, em *The Free-market Innovation Machine — Analyzing the growth miracle of capitalism*, Princeton University Press, Princeton, 2002.

(grifo nosso), e o sucesso dos esforços de qualquer empresa força seus concorrentes a escalar seus próprios esforços. O resultado é uma feroz *arms race* (corrida bélica) entre as firmas nos setores de mais rápida mudança na economia, tendo a inovação como arma principal".

Dentro dessa idéia, a ante-sala da economia do conhecimento passa a ser a inovação. Mas inovação dentro de uma nova concepção, que significa — inovação como estratégia básica da "empresa inteligente" e "inovação para competir".

Lembrando: "empresa inteligente"[65] é a que se concentra nas suas competências básicas e terceiriza as demais etapas de seu processo produtivo (ou processos produtivos). Exemplo: Boeing, que se concentra na concepção de seus novos modelos de avião, faz *outsourcing* dos componentes, e realiza, no final, a montagem do aparelho. A Embraer faz o mesmo, guardadas as proporções.

Na concepção aqui tomada, a inovação passa a ser a estratégia da empresa. Coisa completamente diversa da idéia de estratégia de inovação, que a maioria das empresas tem (entre outras estratégias). Explicitando: "Inovação é todo o negócio da empresa. Inovação é responsabilidade de todo mundo. Inovação é *a* estratégia. *Inovação como estratégia* é o novo motor da firma."[66]

No caso brasileiro, a maioria das empresas, nos principais setores, fez o seu *catching-up* produtivo nos anos 1990 e começo desta década. Mas grande número delas ainda recentemente não havia feito o *catching-up* estratégico (quer dizer: de estratégia). Esse segundo *aggiornamento* significa, essencialmente, ter estratégias mais ofensivas, voltadas para a inovação e a busca de novos mercados, no país e no exterior.

Esse quadro se reflete no conhecido estudo do Instituto de Pesquisa Econômica Aplicada (Ipea) sobre "Inovações, padrões tecnológicos e desempenho das firmas industriais brasileiras".[67] Na pesquisa, que mostra os resultados

---

[65]Ver *Intelligent Enterprise — A new paradigm for a new era*, de James Brian Quinn, The Free Press (Macmillan), Nova York, 1992.
[66]Ver Armando De Meyer, Soumittri Dutta e Sandeep Srivahtava, *The Bright Stuff — How Innovative People and Technology can make the old Economy New*, Prentice Hall, Londres, 2002.
[67]O livro tem como organizadores João Alberto De Negri e Mario Sergio Salerno e foi publicado em 2005 (edição do Ipea).

do acompanhamento de uma amostra de empresas industriais no período de 1997 a 2003, chegou-se às seguintes principais conclusões:

- As empresas que mais cresceram foram as que exportaram e fizeram inovações.
- "(...) As empresas brasileiras inovam e diferenciam pouco em relação aos padrões internacionais. No Brasil, aproximadamente 30% das empresas são inovadoras. Em média, as empresas inovadoras nos países da União Européia (UE) representam 50%".

Com base nesse estudo, o Ipea propôs ao governo federal, como carro-chefe da política industrial, tecnológica e de comércio exterior, "a criação de um grande programa para impulsionar o investimento das empresas em atividades de pesquisa e desenvolvimento (P&D)".[68] O objetivo é estabelecer "um foco nas ações mais imediatas capazes de sinalizar ao setor privado e às instituições públicas que a política industrial está fortemente voltada para reforçar uma estratégia competitiva das empresas direcionada para a inovação e a diferenciação de produto".

O BNDES está atuando no mesmo sentido, e já estabeleceu duas formas de apoio à inovação, na sua nova política operacional: financiamento de "investimentos intangíveis em pesquisa e desenvolvimento de inovação"; e financiamento de "inovação — produção, que complementa e reforça a linha anterior, com recursos destinados à operacionalização das inovações, aí incluídos os investimentos voltados para a constituição de novas capacidades de produção e comercialização".[69]

Mais recentemente, o BNDES passou a atuar dentro de uma visão de "abrir fronteiras de expansão", cujo "objetivo final é criar e apoiar sistemas produtivos nos quais o Brasil possa liderar em inovação e progresso tecnológico".[70]

---

[68] Ver Glauco Arbix e João Alberto De Negri, "Inovar para sustentar o crescimento", *paper* apresentado ao XVIII Fórum Nacional.
[69] Ver Antonio Barros de Castro, diretor de Planejamento do BNDES, "BNDES e a inovação", *paper* apresentado ao XVIII Fórum Nacional.
[70] Ver entrevista de Antonio Barros de Castro ao jornal *Valor*, 21/9/2006, primeira página.

Nas palavras de seu diretor de planejamento: "Fronteiras de expansão são grandes espaços do aparelho industrial — ou do industrial combinado com o agro e com a mineração — onde podem ser embarcadas numerosas atividades."

Para Castro, só assim o Brasil poderá fazer face à "emergência da China e também do Índia".

Adicionalmente, existe a ação da Finep, principalmente o uso do Fundo Nacional de Desenvolvimento Científico e Tecnológico (FNDCT — os fundos setoriais de tecnologias, para apoio às empresas inovadoras (criação de fundos de capital de risco, apoio a incubadoras de empresas de base tecnológica e implementação de parques tecnológicos).

Por outro lado, deixa ainda muito a desejar a integração entre universidade e empresas, criando parcerias que dinamizem a atividade de inovação no Brasil. E elas servem tanto aos interesses das universidades (e seus centros de excelência) como das empresas. Na área do agronegócio, o sistema de inovação funciona (Embrapa), e é por isso que temos um agronegócio altamente competitivo. Na área industrial, ainda é inadequado falar em sistema, embora ele seja bom para o país e bom para cada uma das partes.

Daí a importância de que o MCT (através dos fundos setoriais), a Finep e, também, o BNDES dêem ênfase ao financiamento de parcerias entre universidade e empresas.

O SÉCULO XXI COMO "SÉCULO DA ELETRÔNICA" E A CONSTRUÇÃO, NO BRASIL, DE FORTE BASE EM TICS

Em livro de grande repercussão,[71] Chandler considerou o século XXI como "século da eletrônica". O século XX apenas construiu as bases. E esse era o paradigma industrial dominante, até ser incorporado à economia do conhecimento — algo muito mais amplo e revolucionário.

Mas as TICs, como já dito, continuam, certamente, sendo uma das frentes estratégicas do novo modelo de desenvolvimento.

Por isso, temos de construir no Brasil forte base em TICs, através de uma conjugação de importações e produção interna, para dominarmos toda essa família de importantes tecnologias. E em alguns de seus segmentos (semi-

---

[71] Alfred D. Chandler Jr., *Inventing the Eletronic Century*, The Free Press, Nova York, 2001.

condutores, por exemplo) está o calcanhar-de-aquiles da indústria brasileira, porque nelas perdemos o bonde nos anos 1980 (com a lei de informática), passando a subsidiar anões (empresas brasileiras frágeis) para competir com as gigantes do setor.

Essa construção de base deve incluir o desenvolvimento de plataformas integradas de exportação — certamente em *software* e, talvez, certas linhas de produtos em semicondutores (talvez o Application Specific Integrated Circuits — Asic?); e, naturalmente, na indústria de equipamentos de comunicações (já o fizemos em celulares). *Mas isso só acontecerá se seguirmos o exemplo da Índia, que levou quase 10 anos desenvolvendo uma estratégia específica para tornar-se a referência mundial que é hoje em software (e em vários segmentos das TICs).*

SÉCULO XXI COMO SÉCULO, TAMBÉM, DA BIOTECNOLOGIA. E A ESTRATÉGIA DE BIOTECNOLOGIA PARA O BRASIL, CENTRADA NA BIODIVERSIDADE

Recordando: a biotecnologia é o conjunto das tecnologias baseadas no uso de células ou moléculas biológicas — novas formas de vida —, para aplicação na produção de bens ou serviços. Desenvolveu-se principalmente a partir dos anos 1970, e com maior importância econômica nos Estados Unidos.

Pela sua capacidade transformadora, tende a constituir uma das forças vitais da revolução do conhecimento.

Daí a nossa colocação — século XXI como século da eletrônica e da biotecnologia, tanto quanto se pode prever.

Para o Brasil, atualmente, têm maior importância a biotecnologia farmacêutica e de cosméticos e a biotecnologia agrícola.

No tocante à biotecnologia farmacêutica, o ponto básico a salientar é que os novos medicamentos nela baseados operam ao nível das causas moleculares das doenças. São, pois, drogas mais eficazes, com menos efeitos colaterais.

Na fase anterior, não havia suficiente conhecimento "sobre os detalhes de como o corpo funcionava e as causas de muitas moléstias. Igualmente, não havia meios de assegurar que as drogas atuariam apenas sobre o alvo desejado".[72] É como se estivéssemos mirando uma certa área, que se julgava incluir o alvo. Agora, mira-se o alvo, e, por isso: mais eficácia na cura e menos efeitos colaterais.

Essa produção de novos tipos de medicamentos é feita através da constelação de tecnologias de biotecnologia farmacêutica: engenharia genética, síntese de DNA e proteínas, bioquímica, engenharia química.

A biotecnologia agrícola compreende o conjunto de tecnologias da revolução biológica molecular que permitem adicionar às safras agrícolas e à pecuária melhorias genéticas, no sentido de resistência a doenças e pestes, valor nutritivo, maior resistência a secas. No caso de safras, menor uso de pesticidas, com benefícios para a saúde humana e o meio ambiente.

Apresentamos, a seguir, os pontos básicos do que nos parece deva ser uma estratégia de biotecnologia para o país.

1. A orientação geral: o desenvolvimento da biotecnologia será muito mais fácil e terá enorme potencial se for baseado principalmente na biodiversidade brasileira, que se diz ser uma das maiores do mundo. E que pode ser a maior.

Vejamos: sabidamente é muito rica a biodiversidade da Amazônia e da mata atlântica (melhor: o que dela resta — algo como 6% da cobertura original). Mas é rica também, segundo os levantamentos feitos pelo Ministério do Meio Ambiente, a biodiversidade dos cerrados. E — não se surpreendam — a biodiversidade da caatinga.

E não esquecer: recentemente se começou a verificar que é muito rica a diversidade da plataforma continental brasileira, que não dá só petróleo-gás e peixes. Exemplo: no momento, há duas universidades pesquisando a biodiversidade do arquipélago das Cagarras, em frente às praias de Copacabana e Ipanema. Verificação: a biodiversidade marítima, ali, é muito rica.

Mas isso é biodiversidade. Ou seja, riqueza econômica *potencial*.

2. Para transformar o potencial em bens e serviços, a prioridade deve ser a criação de *clusters* (aglomerados) de biotecnologia — a exemplo do Centro de Biotecnologia da Zona Franca de Manaus.

---

[72]Observação feita em *From Alchemy to IPO — The business of Biotechnology*, de Cynthia Robbins-Roth, Perseus Publishing, Cambridge, Massachusetts, EUA, 2000, p. 7.

Nesses *clusters*, é importante haver parcerias entre pequenas empresas de base tecnológica e grandes companhias farmacêuticas (se for biotecnologia farmacêutica). São complementares.

3. Sistema de incentivos (fiscais e financeiros) às empresas que utilizem a biodiversidade para geração de novos produtos, principalmente nos aglomerados acima sugeridos.

4. Em biotecnologia com base na biodiversidade, assume grande importância ter um bom marco regulatório. Então, necessidade de reavaliar o assunto, para termos certeza de que existem condições institucionais e legais que favoreçam o desenvolvimento do setor, uma das prioridades da estratégia de desenvolvimento. Lembrando: principalmente se estiver envolvida a Amazônia, o uso da biodiversidade envolve interesses fortes a serem conciliados.

USAR O "MODELO ESCANDINAVO" PARA PROMOVER UMA REVOLUÇÃO NOS SETORES INTENSIVOS EM RECURSOS NATURAIS (INCLUSIVE CRIANDO *NON-COMMODITIES*)

Sabidamente, o Brasil tem enorme potencial em toda a área de setores intensivos em recursos naturais. E esse potencial pode ser mais bem realizado com o uso da economia do conhecimento e do que denominamos "modelo escandinavo".

A relevância do "modelo escandinavo" é dupla.

De um lado, foi através do desenvolvimento de setores intensivos em recursos naturais que os países nórdicos conseguiram alcançar o altíssimo nível de renda *per capita* que têm hoje — superior à média dos demais países da UE.

De outro, o modelo por eles utilizado tem características extremamente importantes para o tipo de desenvolvimento que estamos propondo para o Brasil.

As principais:

- O enfoque é procurar tornar-se competitivo em cada uma das etapas da cadeia produtiva correspondente, aí incluído o setor produtor de bens de capital para a cadeia ou etapa considerada.

- Faz-se uso intensivo de C&T. E, agora, dentro da visão proposta, uso intensivo de conhecimento, em geral.
- A grande preocupação é adicionar valor, inovando e, na medida do possível, diferenciando produtos. Ou seja, criando *non-commodities*, como o Brasil já fez no caso dos *cafés gourmet*, cafés finos, tão bons quanto os melhores cafés finos da Colômbia.

Além disso, pelo uso intensivo de tecnologia e conhecimento, muitas empresas transformaram o setor em domínio da alta tecnologia, e até evoluem para categorias de produtos típicos das novas tecnologias. Exemplo: a Nokia, hoje referência mundial na área de celulares, nasceu como empresa produtora de papel e celulose.

De passagem, o maior erro que os países ricos em recursos naturais (caso-símbolo: petróleo) podem cometer é desperdiçar, ou subutilizar a riqueza que têm, deixando de usá-la como plataforma para fazer o upgrading *geral de sua economia, de modo a evoluir para setores de novas tecnologias (sem perder a competitividade nos setores intensivos em recursos naturais). Maus exemplos: Venezuela e vários países do Oriente Médio.*

Tomando como base o modelo escandinavo, agora atualizado para adquirir alto conteúdo das três idéias-chave da economia do conhecimento, citadas anteriormente, podemos indicar as principais revoluções tecnológicas a serem realizadas.

Revolução em energia e nova matriz energética

Nesta área, as coisas mais importantes a dizer são quatro.

Primeiro, a Energia passou a constituir uma nova e grande oportunidade para o Brasil.

Existe a instabilidade e existem os riscos do mercado mundial de energia, principalmente quanto a petróleo. Basta citar um fato: a decisão dos seis países do Conselho de Cooperação do Golfo (GCC) — Arábia Saudita, Emirados Árabes Unidos, Kuwait, Omã, Qatar e Bahrain) — de só aumentar sua produção em 2%, em 2006 e 2007[73] implica tendência à continuação de preços altos,

---

[73] *O Globo*, de 16/8/2006, p. 25.

talvez em elevação, inclusive porque o Irã é a conhecida incógnita (ou barril de pólvora) e o Iraque não se sabe se vai balcanizar-se ou entrar em guerra civil (ou primeiro isso e depois aquilo).

Em acréscimo, grande número de países do Oriente Médio, importantes na produção de petróleo, têm regimes instáveis ou altamente belicosos.

Tal instabilidade e riscos criam problemas sérios para muitos países (a começar pelos Estados Unidos), mas podem transformar-se em oportunidade para o Brasil.

Existem, principalmente, as oportunidades criadas pela expansão do carro biocombustível (álcool e gasolina) e do biodiesel no próprio mercado brasileiro; e pelo fato de grande número de países — desenvolvidos e emergentes — já terem aprovado a política de fazer adição de 5% a 10% de álcool à gasolina.

A segunda coisa é que o Brasil é um dos poucos países que podem, a curto prazo, desenvolver uma nova matriz energética, com aumento da participação de energias renováveis (principalmente etanol) e, até certo ponto, de energia elétrica (se soubermos resolver casos pendentes de questões ambientais na construção de grandes hidroelétricas).

Os nossos trunfos:

- Somos liderança mundial em tecnologia de biocombustíveis. Na opinião do professor Alan MacDiarmid, da Nova Zelândia, Prêmio Nobel de Química: "(...) O Brasil não sabe quão importante ele é para o mundo. O Brasil foi e ainda é o líder mundial em biocombustíveis, que é um setor estratégico para todo o planeta, e especialmente para os países emergentes, tais como Indonésia, Malásia, China, enfim, a região que eu chamo de Australásia".[74]
- Podemos produzir biocombustíveis à base da cana-de-açúcar (em Piracicaba funciona um Centro de Tecnologia Canavieira), e também de recursos naturais do Nordeste, como mamona, pinhão, dendê. Ou seja, grande número de fontes, cuja produção se pode facilmente expandir, para exportação de biocombustíveis, sem o conflito que, por exemplo, os Estados Unidos enfrentam hoje: usar o milho para o consumo normal ou para a produção de etanol?

---
[74]Entrevista à revista *Desafios do Desenvolvimento*, do Ipea.

A terceira coisa é que o Brasil deve realizar essa nova matriz energética promovendo uma revolução tecnológica. A área de energia já deu origem a vários exemplos dessa revolução (liderança na tecnologia de pesquisa e produção de petróleo em águas profundas e superprofundas; liderança em tecnologia de biocombustíveis). Para dar dimensão geral à revolução tecnológica, é só colocar a energia dentro do modelo escandinavo e da economia do conhecimento, na forma já exposta.

Uma quarta coisa: essa grande oportunidade significa um *novo, e mais importante* papel para a Petrobras, e também, até certo ponto, para a Eletrobrás: ambas podem ser empresas de energia (globalmente) e com perfil de empresa privada, embora sejam empresas estatais — importante é o modelo de gestão. E, indo além, a Petrobras pode aprofundar a sua condição de empresa global (ou seja, com ação em inúmeros países). E a Eletrobrás, de empresa regional (Cone Sul e outros países vizinhos).

Ainda um ponto — políticas emergentes, na área de energia.

- Energia à base de hidrogênio, como discutido no recente I Encontro Brasileiro de Energia de Hidrogênio.
- Fabricação de carro elétrico: as grandes montadoras não parecem considerar essa alternativa prioritária. Se o considerassem, o problema já estaria resolvido.

No Brasil, existe uma iniciativa de fabricação de carro elétrico (pela empresa Óbvio!, do Rio, com pequena exportação prevista para fins de 2007). Vale a pena que a área de ciência e tecnologia do governo (ou a de minas e energia, ou BNDES, ou Petrobras e Eletrobrás) considerem o apoio a um projeto de carro elétrico competitivo.

Nova revolução no agronegócio

O agronegócio brasileiro, como se sabe, fez uma revolução na década de 1990. Na colocação de José Roberto Mendonça de Barros (e Alexandre Lahóz Monteiro de Barros): "O Brasil construiu o sistema agroindustrial mais competitivo do mundo." E: "Portanto, ao escutarem que a agricultura brasileira produz e exporta produção de baixa tecnologia, não acreditem, pois a afirmação é falsa."[75]

Essa revolução tem as suas raízes nos anos 1970, com os seguintes passos principais:

- Estudo do Ipea sobre o potencial dos "cerrados", realizado entre fins dos anos 1960 e início dos anos 1970 (publicado em 1973).[76]
- "Programa de insumos modernos para a agricultura", implementado ao longo dos anos 1970.
- Criação da Embrapa, como centro estratégico de geração e transmissão de Tecnologia (1973).
- Lançamento do Polocentro — Programa de Desenvolvimento dos Cerrados, pelo governo Geisel (janeiro/75) — foi a abertura da nova fronteira agrícola do país.
  Hoje, estão sendo desenvolvidos os cerrados do Sul do Pará, Tocantins, Sul do Maranhão, Sul do Piauí e Oeste da Bahia.
- Construção de vários "corredores de exportação", ao longo dos anos 1970.

A revolução do agronegócio, propriamente dita, aconteceu a partir de certa altura da década passada. Houve, começando em 1990, o choque representado pela abertura às importações (tardia, brusca e com instabilidade tarifária). Alguns segmentos da agricultura sofreram bastante. Por exemplo, praticamente acabou a cultura de algodão no Nordeste.

A reação, mais tarde, veio das empresas não endividadas: nova estratégia empresarial (maior absorção de tecnologia — "(...) a melhor tecnologia tropical do planeta";[77] integração lavoura/pecuária; ganhos de escala; diversificação de produtos; novos métodos de gestão empresarial). A conseqüência é que o setor passou, mais adiante, a gerar grandes superávits comerciais.

---

[75]José Roberto Mendonça de Barros e Alexandre Lahóz Monteiro de Barros, "A revolução do agronegócio, agroindústria com base na economia do conhecimento" (*in O desafio da China e da Índia: A resposta do Brasil*, Ed. José Olympio, 2005).

[76]Trata-se do estudo intitulado "Aproveitamento atual e potencial dos cerrados" (publicações do Ipea, 1973).

[77]Ministro Roberto Rodrigues, "Perspectivas do agronegócio" (obra citada).

Atualmente, existem problemas conjunturais no setor e questões específicas, como a da aftosa (negligência de produtores e ineficiência da fiscalização). Tais problemas têm que ser atacados.

Sem embargo, a base está colocada para a proposta/desafio que vimos trazer: *nova revolução no agronegócio brasileiro, para colocá-lo na vanguarda do desenvolvimento.*

Tal revolução, será alcançada através de duas principais linhas de ação:

- Idéia-força: economia do conhecimento, para desenvolver novos produtos, desenvolver produtos naturais e orgânicos e, tanto quanto possível, diferenciar produtos (criação de *non-commodities*). Exemplo: o Instituto Agronômico de Campinas já descobriu uma espécie de cafeeiro que produz café naturalmente descafeinado. Falta desenvolvê-lo comercialmente.

Objetivo dessa forma de atuação: adição de valor e abertura de mercados, no país e no exterior.

Para isso, haverá uso, inclusive, das TICs e da agricultura de rescisão na melhoria de gestão do agronegócio.

- Uso do modelo escandinavo, para haver cadeias produtivas integradas e ampliadas, e maior uso de ciência e tecnologia.
- Integração dos segmentos — agropecuária, agroindústria e área florestal.

Por outro lado, continua disponível o velho trunfo que o Brasil vem utilizando — ampliação da fronteira agrícola. Ainda o ex-ministro Roberto Rodrigues: "(...) Pelo menos 90 milhões de hectares que podem ser incorporados à área produtiva agrícola sem avançar sobre a Amazônia (...)". "Mais uma vez e meia o que já temos hoje cultivado no Brasil."

Não é preciso repetir: continuam os problemas de logística e falta de fluidez nos corredores de exportação.

Revolução tecnológica em insumos industriais básicos

O Brasil, desde a conclusão dos programas de investimentos do II PND, em 1984, vem demonstrando ser muito competitivo em vários setores da área de insumos industriais básicos: celulose-papel, siderurgia de planos e não planos, petroquímica, metais não-ferrosos (principalmente alumina/alumínio).

Em essência, o objetivo de uma revolução nessa área e as linhas de ação (economia do conhecimento/modelo escandinavo) são os mesmos já colocados em relação ao agronegócio/agroindústria.

O que se pode adicionar, é — criação de novas *competitive edges* (vantagens competitivas), a exemplo da bioquímica. Ou seja, indústria química não à base de petróleo/gás, mas de cana-de-açúcar, por exemplo. Então, o uso da cana-de-açúcar gera produtos talvez ainda mais nobres, e ricos em adição de valor, que o etanol. O Brasil já tem a tecnologia para algumas linhas de produtos nessa nova área. Nova no Brasil e nova no mundo.

Objetivo da revolução nos setores intensivo em recursos naturais

Nas áreas, como as citadas, em que somos muito ricos em recursos naturais, a idéia central é chegar à vanguarda tecnológica mundial no maior número possível de segmentos e transformar essa vantagem tecnológica em adição de valor e exportações (importando o que for necessário). Serão setores de alto conteúdo tecnológico e demanda mundial dinâmica.

TRANSFORMAR A CRIATIVIDADE EM *COMPETITIVE EDGE*,
GERANDO EXPORTAÇÕES EM VÁRIAS
"INDÚSTRIAS CULTURAIS"

Em recente pronunciamento, a coordenadora da Unidade do Projeto da Apex (Agência de Promoção de Exportações) falou duas coisas: que a criatividade brasileira está gerando razoáveis exportações; e que os estudos feitos pela agência mostram um grande potencial para as nossas indústrias criativas — são indústrias culturais, como produção musical e audiovisual (discos, cinema), e coisas como *design*, propaganda e publicidade. Adiantou até uma estimativa: as indústrias criativas podem vir a responder por 4,5% do PIB brasileiro, *nos mercados interno e externo*.

É cedo para concluir sobre tal estimativa, mas parece não haver dúvida quanto ao fato de ser grande o potencial, se soubermos transformar em geração de bens e serviços a criatividade do país em vários setores.

Isso não acontecerá se não houver uma estratégia de desenvolvimento das indústrias culturais (e criativas, em geral). Na categoria temos: educação (principalmente ensino superior), indústria do livro, cinema (inclusive na forma de DVD), teatro, música (MPB e clássica), artes plásticas, dança, novo turismo (turismo cultural e ecológico), esportes (principalmente futebol), mídia (jornal, rádio, TV, moda criativa, *design*).

Nos Estados Unidos, tais atividades, são, hoje, megaindústrias, com grande resultado em exportações.

Mas no Brasil a citada estratégia só alcançará o objetivo, principalmente quanto a exportações, se, em vários dos setores indicados, forem criadas *fortes estruturas empresarias*. Criatividade não é suficiente. Faz-se necessário um sistema de incentivos que leve à criação de adequadas estruturas e uma ação eficiente de promoção.

Ainda uma observação. Como os Estados Unidos e outros países desenvolvidos exportam cultura de massa para o Brasil (e a globalização cultural atua no mesmo sentido), há o risco da descaracterização cultural, da perda de identidade e diversidade brasileira. Razão adicional para desenvolver uma política cultural que faça a articulação da cultura com a mídia e a empresa, fortalecendo, como dito, as indústrias culturais (e criativas, em geral) brasileiras.

POSICIONAR-SE ESTRATEGICAMENTE EM RELAÇÃO A CERTAS TECNOLOGIAS EMERGENTES

A idéia é não perder o momento histórico, como aconteceu em relação ao emergente paradigma da informática, na primeira metade dos anos 1980 (Lei da Informática).

Destaque à agricultura de precisão, já mencionada. Segundo relatório preparado para o *National Research Council*, nos Estados Unidos, o essencial dessa tecnologia é a aplicação das ciências geoespaciais, e principalmente das TICs à gestão do agronegócio.

Aumenta-se substancialmente a intensidade da informação para a tomada de decisões, procurando ter maior conhecimento de todos os fatores que condicionam a produtividade, não só ao nível da fazenda, mas também de subáreas dentro dela, para ter possibilidade de fazer uma aplicação de insumos diferenciada, conforme a subárea. Com esse procedimento — melhor informação e informação por subárea — se pode obter melhor produtividade total na fazenda.

Nesse quadro, existem ações ao nível regional, a cargo de instituições, e ações locais, a cargo da empresa agrícola. Nas duas, com uso intenso de diferentes áreas das TICs —, microeletrônica, sensores, computadores, telecomunicações.

Destaque, também, às nanotecnologias, indispensáveis ao desenvolvimento de inúmeras tecnologias ligadas à revolução do conhecimento, e particularmente da constelação de tecnologias convergentes que compõem as TICs — eletrônica/informática, economia de *network* (internet e redes empresariais etc.). e comunicações (inclusive comunicação sem fio, até sob a forma de banda larga da internet, sem fio).

Há, também, os novos desafios da industrialização avançada (*advanced manufacturing*): Alcançar simultaneidade nas principais operações do processo de produção industrial, hoje realizadas, em grande medida, de forma seqüencial (concepção, *design*, fabricação); integrar recursos humanos e técnicos para fortalecer o desempenho da força de trabalho; reduzir o impacto ambiental do processo produtivo a praticamente zero; desenvolver processos e produtos inovadores, com foco em obter reduzida dimensão econômica de escala.

Uma palavra sobre materiais avançados (área em constante mutação): ênfase maior no desenvolvimento de cerâmicas finas, novos polímeros, metais amorfos, novos compostos (fibras de carbono). *Encontrar substituto para o silicone na tecnologia de semicondutores.*

Estratégia de incorporação maciça
da pequena empresa ao desenvolvimento

Boa parte das frentes estratégicas referidas precisa dessa incorporação.

Em número, sabidamente, a pequena empresa ((MPME) é muito importante, no Brasil. Mas também se sabe que é alta tanto a taxa de natalidade como a de mortalidade; que a pequena empresa, em grande medida, está na informalidade (porque não pode formalizar-se) e padece de exclusão digital.

Então, começar pela idéia de formalizar a pequena empresa e reduzir-lhe a taxa de mortalidade. Isso é importante para a expansão do emprego e a redução da avassaladora economia informal no Brasil (ruim para o trabalhador, ruim para a receita tributária e de previdência e ruim para a empresa, que tem dificuldade no acesso a grande número de instrumentos para crescer e aparecer).

A segunda idéia é: se queremos reduzir substancialmente esses dois problemas, temos de ter, em grande escala, a pequena empresa moderna-profissionalizada, informatizada, evoluindo para tornar-se pequena empresa exportadora, pequena empresa tecnológica e, até, pequena empresa internacionalizada.

Isso leva à definição dos eixos principais da estratégia da pequena empresa:

1. Aprovação final da Lei Geral das MPME, que a Câmara dos Deputados aprovou recentemente.[78] O ponto principal do texto, como se encontra, é a unificação de oito impostos (seis federais, mais ICMS e ISS), criando-se o Supersimples, que significa simplificação e redução de tributos.

Isso é parte importante da idéia de tratamento diferenciado para a MPME (tratar desigualmente os desiguais), mas não é tudo. Faz-se necessária também a diferenciação quanto ao tratamento perante a previdência social e à legislação trabalhista.

2. Apoio ao desenvolvimento da MPME principalmente através dos Aglomerados Produtivos Locais (APLs), que trazem interações e alianças estratégicas, entre pequenas empresas e entre pequenas e grandes empresas.

Isso inclui um tipo de financiamento que é para o APL, em si, e não para empresas individuais. Essa modalidade já é adotada na Itália, com sucesso.

3. Transformar o microcrédito (a empresas) em realidade importante, através de instituições financeiras públicas e privadas. O BNDES pode desempenhar papel relevante na criação da rede de financiamento, e pode atuar também na área de *venture capital* (capitalização de empresas tecnológicas), juntamente com a Finep.

---

[78]Por exemplo, ver *O Globo*, 6/9/2006, p. 31.

Trata-se de questão importante, porque hoje ainda é limitado o acesso da Pequena Empresa ao crédito bancário. Segundo estudo do Serviço Brasileiro de Apoio às Pequenas e Micro Empresas (Sebrae), a despeito da grande expansão do crédito em anos recentes, "só 22% das companhias (pequenas empresas) têm acesso a financiamentos bancários".[79]

E tudo isso implica: *apoio ao Sebrae*.

OS DESAFIOS DA IMPLEMENTAÇÃO DAS FRENTES ESTRATÉGICAS

Para que essas frentes estratégicas aconteçam é preciso que exista um bom sistema de instrumentos de implementação, e que eles sejam direcionados para as frentes.

Segundo o ministro da Ciência Tecnologia, Sergio Rezende, os principais mecanismos para o desenvolvimento da ciência, tecnologia e inovação (CT&I) estão na área do CNPq (bolsas de pós-graduação e financiamento de propostas de pesquisa nas universidades, e conexão das instituições de ensino superior e pesquisa através da internet de altíssima velocidade); e principalmente da Finep.

Os instrumentos a cargo da Finep (recursos do FNDCT/fundos tecnológicos setoriais) são notadamente:

- Financiamento a parcerias entre universidades/centros de pesquisa e empresas, para desenvolvimento de ou aperfeiçoamento de produtos e processos.
- Apoio à inovação nas empresas:
  — Proinovação: financiamento subsidiado à inovação nas empresas.
  — Pappe: "Subvenção" — apoio financeiro não reembolsável.
  — PNI: Programa Nacional de Incubadoras e Parques Tecnológicos.
  — Inovar: Programa de Incentivo à formação de fundos de *venture capital* (capitalização de empresas inovadoras).
  — Juro zero: financiamento a pequenas empresas tecnológicas.
- Mais recentemente (setembro/2006), o Programa de Subvenção Econômica, previsto na Nova Lei de Inovação (Lei 10.973/2004).

---

[79]Ver *O Estado de S. Paulo*, 17/10/2006, p. B16.

Ao lado disso, como anteriormente informado, o BNDES criou este ano duas linhas de crédito para financiamento à inovação nas empresas: o Inovação P,D&I (pesquisa, desenvolvimento e inovação), para projetos de inovação com juro real zero; e o Inovação-Produção, com taxa de juros de longo prazo — TJLP (*spread* zero).

Dado esse cardápio de incentivos, duas questões se colocam.

Primeiro, a avaliação — saber se com esses Incentivos vai haver, realmente um grande estímulo à Inovação, no Brasil.

As principais críticas colocadas são:[80]

- A "Lei do Bem" (Lei 11.196/2005) concede incentivo fiscal no imposto de renda correspondente a 60% dos dispêndios em R&D, mas é restrita a empresas que apuram lucro real (cerca de 6% do total de empresas contribuintes), deixando de fora as MPME, cujo regime fiscal é, predominantemente, de lucro presumido ou o Simples.
- Os incentivos não-fiscais seriam, por isso, mais eficientes: infra-estrutura pública de C&T, financiamento, uso de poder de compra do estado, projetos estruturantes (segundo o *Caderno de Tecnologia* nº 3, da Firjan).
- A ação do BNDES e da Finep seriam, no momento, os mecanismos mais promissores, no apoio à inovação no Brasil.

Tais críticas devem ser avaliadas.

A segunda questão é relevante — Será preciso direcionar todo o sistema de incentivos fiscais e não-fiscais para a implementação das frentes estratégicas aqui propostas.

Mas não há dúvida de que o BNDES e a Finep estão retomando o seu lugar como principais financiadores do desenvolvimento brasileiro a médio e longo prazo (empréstimos e capitalização). O BNB procura fazer o mesmo quanto à região em que opera. E é importante que o mercado de capitais esteja também assumindo papel mais relevante. Os bancos de investimento, igual-

---

[80] Ver comentários de Roberto Nicolsky, diretor-geral da Sociedade Brasileira Pró-Inovação Tecnológica (Protec), e de Fernando Sandroni, presidente do Conselho Empresarial de Tecnologia da Federação das Indústrias do Estado do Rio de Janeiro (Firjan), apresentados no Fórum Nacional de maio (livro citado).

mente, de per si ou em parceira com instituições governamentais, podem também ser importantes.

DIMENSÃO II
ESTRATÉGIA DE COMPETITIVIDADE INTERNACIONAL VOLTADA PARA A CRIAÇÃO DE ELASTICIDADE NAS VANTAGENS COMPARATIVAS — PRINCIPALMENTE NAS LINHAS DE PRODUTOS DINÂMICOS

CONCEPÇÃO DA ESTRATÉGIA

Colocação preliminar: nosso objetivo, aqui, é criar condições para que o Brasil tenha um balanço de pagamentos sustentável no longo prazo, sem as crises periódicas que vêm acompanhando o desenvolvimento do país. Na dimensão anterior, discutimos políticas de competitividade principalmente do lado da oferta, embora às vezes com implicações do lado da demanda. Agora, vamos discuti-las principalmente do lado da demanda.

A estratégia que vimos propor parte de duas preocupações principais.

A primeira é evitar para o Brasil um "quebra-nozes competitivo" (*competitive nutcracker*), como o que enfrentava a Coréia, no início de 1997, espremida entre a concorrência do Japão, que se baseava em altas tecnologias, e a da China, àquela época muito condicionada pelo baixíssimo custo de sua mão-de-obra.[81]

O Brasil também corre o risco de um quebra-nozes competitivo. De ficar imprensado entre o avanço da China e Índia (países que têm dado saltos de competitividade e estão avançando em mercados dos países desenvolvidos) e a competição geral dos desenvolvidos. Ficaríamos, com isso, confinados à área de setores intensivos em recursos naturais? Aí está o perigo.

A segunda preocupação é como ter políticas de competitividade *voltadas também para o lado da demanda*. Não é suficiente basearmos nossas políticas na idéia de que podemos ser competitivos neste ou naquele setor, nesta ou

---

[81]Ver relatório da Booz-Allen & Hamilton, *Revitalizing the Korean Economy Toward the 21" Century*, 1997.

naquela linha de produtos (ou *clusters* de produtos). Este lado, mais voltado para a oferta, já foi coberto na dimensão I.

Assume importância fundamental ter sempre na idéia que, se queremos ser relevantes no comércio mundial, e evitar, de forma duradoura, vulnerabilidades externas, *temos de procurar vender o que o resto do mundo está querendo comprar*. Ou seja, estar sempre voltados para os setores e linhas de produtos que têm demanda dinâmica, internacionalmente.

Partindo dessa colocação, nossa proposta é de uma estratégia de competitividade voltada para a criação de elasticidade nas nossas vantagens comparativas, e principalmente quanto às linhas de "produtos dinâmicos" no comércio mundial (conforme os estudos da Conferência das Nações Unidas para o Comércio e o Desenvolvimento — Unctad).

A origem dessa orientação está na colocação — feita por John Hicks (em 1959).[82] A questão para a qual se voltava ele era saber qual a diferença fundamental entre países desenvolvidos e países subdesenvolvidos, em matéria de inserção internacional.

Sua resposta foi: "(...) A partir de quando um país alcança um certo estágio de desenvolvimento, parece adquirir (ou ser capaz de adquirir) uma espécie de elasticidade (*resilience*) contra mudanças em suas vantagens comparativas. Uma das vantagens das especializações "avançadas" é que trazem consigo a *capacidade* (grifo no original) de gerar outras coisas; assim, se uma nação "avançada" é colocada fora de uma especialização, não lhe é insuperavelmente difícil *criar* (grifo nosso) uma outra".

Ou seja, especializações "avançadas" (não confundir com altas tecnologias) significam *elasticidade nas vantagens comparativas*. Ter uma base de competência que permite reagir adequadamente aos avanços de novos concorrentes (no caso, os emergentes), e, dentro do cardápio de opções quanto a setores ou linhas de produtos em que somos potencialmente competitivos (por vantagens naturais ou *criadas* — daí a idéia de especializações "avançadas"), escolher as melhores alternativas. Principalmente aquelas que têm demanda dinâmica no comércio mundial, como já dito.

---

[82]John R. Hicks, *Essays in World Economics* (capítulo sobre os países subdesenvolvidos), The Clarendon Press, Oxford, 1959.

A elasticidade, para acontecer, deve ter sua base a nível dos principais fatores de produção, através de maior densidade de conhecimento — o que os tornará mais polivalentes. Estamos falando de alta qualificação do capital humano, capital fixo com incorporação de grande avanço tecnológico (*embodiement*), maior adição de ciência e Tecnologia aos Recursos Naturais. E principalmente a maior importância da TFP, pelo seu maior conteúdo de melhoria institucional, tecnologia e conhecimento.

A elasticidade, a seguir, passa a manifestar-se ao nível de produtos, ou *clusters* de produtos (novos produtos, melhores produtos, produtos diferenciados). Como? Segundo foi dito, através de novas tecnologias, novas estratégias empresariais, engenharia de produto e processo, *design* e outras formas de investimento em intangíveis.

E assim estará o país mais apto a procurar melhorar sua participação na lista de produtos dinâmicos no comércio internacional (segundo, anualmente, publica a Unctad). Nossa posição atual não é relevante.

Podemos, a seguir, considerar as principais frentes estratégicas a desenvolver, na dimensão II.

POSICIONAR-SE ESTRATEGICAMENTE PARA TIRAR PROVEITO DO APROFUNDAMENTO DA NOSSA INSERSÃO INTERNACIONAL, COMO, POR EXEMPLO, FAZEM CHINA E ÍNDIA

A partir dos anos 1990, o Brasil (mal ou bem) fez sua abertura às importações e ao investimento direto externo (IDE). Mas sem sentido estratégico.

É importante, agora, a exemplo do que fazem China e Índia, que o país se situe estrategicamente, para tirar proveito do aprofundamento da nossa inserção internacional.[83]

A orientação geral será de continuar aumentando o fluxo de comércio (importações mais exportações), mas de maneira a financiar nossas importações de bens e serviços, essencialmente, com a exportação de bens e serviços e o fluxo líquido de IDE. E, com isso, reduzir a dependência em relação ao influxo de capitais externos. Baixo nível de endividamento e alto nível de

---

[83]No Fórum Internacional que ocupou um dia do XVIII Fórum Nacional, o embaixador Sergio Amaral, ex-ministro do Desenvolvimento, colocou bem essa posição.

reservas. Assim, com sentido de planejamento estratégico, a vulnerabilidade externa será menor.

Alguns elementos estratégicos da inserção devem ser assinalados.

A inserção deve proporcionar ao país o acesso à matriz mundial de tecnologia, conhecimento e novos métodos de *management*.

Em seguida, alianças estratégicas com certo número de países desenvolvidos e os principais emergentes. A relação com estes é tripla: são nossos aliados nas negociações multinacionais contra barreiras às exportações; são parceiros de comércio e investimentos; mas também, são nossos concorrentes mais próximos pelos mercados dos desenvolvidos.

No âmbito do Mercosul, devemos trabalhar pela conclusão de acordos de livre comércio com a UE, os Estados Unidos (ou Acordo de Livre Comércio da América do Norte — Nafta) e blocos da Ásia (ou países), mas sem perder de vista a nossa condição de *global trader* (comércio com todos os países, sem prejuízo da prioridade à área sul-americana).

É importante termos uma política de promoção junto a multinacionais de maior importância (principalmente em novas tecnologias), para que estabeleçam no Brasil suas plataformas de exportação, de caráter regional ou global.

E, certamente, importa dar prioridade à internacionalização das empresas brasileiras, para termos um significativo número de competidores globais (*global players*). Isso implica, principalmente, ter bases no exterior para maior acesso a mercados. O BNDES já tem linha de crédito com esse objetivo e outros mecanismos devem ser acionados.

NOVAS VERTENTES PARA EFETIVAÇÃO DA ESTRATÉGIA DE COMPETITIVIDADE INTERNACIONAL

Esta frente estratégica está voltada para o desenvolvimento das novas instituições que irão constituir a base para a estratégia de elasticidade nas vantagens comparativas.

O Brasil já avançou um pouco na construção dessas bases. Mas está longe de realizar o potencial nelas existente, inclusive por não haver programas direcionados para esse objetivo.

Vejamos as principais vertentes a serem desenvolvidas.

1. Criação de novas *plataformas integradas* de exportação, ou seja, plataformas como a automobilística, que integram uma série de componentes indispensáveis, objeto de uma política própria.

Algumas plataformas integradas emergentes: linhas de produtos em bens de capital (principalmente ligadas a grandes programas de investimentos no país, criando uma escala mínima); *software*; indústria farmacêutica; serviços para exploração petrolífera; bioenergia (principalmente álcool); serviços tecnológicos; fruticultura irrigada.

É preciso consolidá-las e expandi-las. E procurar outras oportunidades, sabendo que isso pode envolver o uso de importações (de componentes e insumos), para que elas sejam mais competitivas.

2. Programa de novos *clusters* de inovação, ou parques tecnológicos. Como é sabido, os parques, ou centros tecnológicos, reúnem um centro de pesquisa, às vezes um centro de ensino superior, e empresas de base tecnológica.

Ao razoável número de centros tecnológicos existentes, é possível acrescentar, através de programa especial, um considerável número de novos centros, com base nos centros de excelência existentes em pelo menos 10 grandes universidades brasileiras.

Às vezes, esses novos centros deverão articular-se com incubadoras de empresas tecnológicas, já em funcionamento em várias dessas universidades.

DIMENSÃO III
OPORTUNIDADE PARA O NORDESTE E AMAZÔNIA, ATRAVÉS DE ESTRATÉGIA PARA EXPORTAR, E INFLUENCIADA PELA ECONOMIA DO CONHECIMENTO[84]

Idéia central: como economias pequenas, Nordeste e Amazônia devem adotar um modelo exportador (para o resto do país, Mercosul e o resto do mundo), a exemplo dos pequenos países europeus durante a Revolução Indus-

---

[84] A proposta ora apresentada se baseia nos estudos de Roberto Cavalcanti de Albuquerque, e principalmente no *paper* apresentado ao XVIII Fórum, "Nordeste e Amazônia: novos caminhos de desenvolvimento" (*in O desafio da China e da Índia — A resposta do Brasil*, Ed. José Olympio, 2005).

trial e dos países da *East Asia* (Japão e Coréia, principalmente), quando começaram a fazer o seu "milagre asiático", nos anos 1950 e 1960.

Mas devem fazê-lo tirando proveito das oportunidades proporcionadas pela economia do conhecimento, principalmente (mas não exclusivamente) para desenvolver setores intensivos em recursos naturais.

E a prioridade às duas regiões é imprescindível, porque continuam sendo — o Brasil mais pobre e menos desenvolvido. E não se sabe bem o que a política de desenvolvimento regional pretende fazer por elas.

Oportunidade para o Nordeste

Observação de Paulo Haddad: perdeu impulso a política de desconcentração regional do desenvolvimento brasileiro, que teve seu momento principal nos anos 1970, e em que se destacava a existência de planejamento regional para o Nordeste, com programas e projetos regionais direcionados para a sua indústria e agricultura, implementados por agências regionais de desenvolvimento (Sudene e BNB) e por empresas estatais do governo federal, que "decidiam a localização desconcentrada de seus grandes projetos de investimentos, incluindo pesos redistributivos e mérito social nos critérios de alocação dos recursos escassos".

E poderíamos acrescentar: falta, principalmente, uma estratégia de desenvolvimento para o Nordeste, e a coordenação das agências executivas, em especial do governo federal, para dar impulso à sua implementação.

A estratégia para o Nordeste define as seguintes opções estratégicas:

- Opção por dupla inserção competitiva, nos mercados nacional e global.
- Opção por redução do hiato de competitividade em relação ao Centro-Sul.
- Opção por prioridade ao problema do semi-árido; a questão da água e novas oportunidades econômicas.
- Opção por uma economia e sociedade baseadas no conhecimento e na inovação.
- Opção pela modernização social, com expansão do emprego e redução da pobreza extrema.

Em consonância com essas opções estratégicas, poderíamos definir as *grandes prioridades* para o desenvolvimento do Nordeste, que levam em conta a questão básica — EXPORTAR O QUÊ? Prioridades como (dentro da idéia: ênfase no desenvolvimento de setores intensivos em recursos naturais, em bases modernas):

- Desenvolvimento do Vale de São Francisco (com revitalização do rio e múltiplas oportunidades de investimento).
- Desenvolvimento do Vale do Parnaíba (inclusive a região do Delta do Parnaíba) *(idem, idem)*.
- Oportunidades de investimento nos principais segmentos do litoral do Nordeste: turismo — inclusive histórico e ecológico —, projetos industriais nas principais cidades, piscicultura, cultura do camarão — carcinicultura —, aproveitamento da biodiversidade marítima etc.
- Desenvolvimento do cerrado nordestino.
- Busca de novos projetos industriais para as diferentes áreas da região.
- Criação de centros tecnológicos (ou centros de TICs), junto aos principais centros de excelência das universidades da região. Exemplo principal: Porto Digital, no Recife.
- Desenvolvimento de novas formas de dar oportunidade ao Nordeste, como a criação de *clusters* em produtos ou linhas de produtos que permitam o fortalecimento dos setores intensivos em recursos naturais (grandes empresas e seus fornecedores, ou aglomerados de pequenas empresas).

Outro modelo a ser desenvolvido: projetos de desenvolvimento local integrado (DLI), a exemplo do programa do Banco do Brasil para o desenvolvimento regional sustentável (DRS).

A implementação da estratégia: nossa proposta é que se crie um consórcio das agências de desenvolvimento — BNDES, BNB, Companhia de Desenvolvimento do Vale do São Francisco (Codevasf) — Vale do São Francisco e Parnaíba, articuladas com agências estaduais e principais federações de indústria. Objetivos principais:

- Identificação de oportunidades de investimentos, a nível setorial e regional (por áreas).

- Promoção de projetos de investimento (modelo INDI).
- Promoção de exportações.
- Propor uso dos recursos de fundos constitucionais e legais.

Desta forma, não precisaríamos continuar dependendo da solução do interminável problema de criação — ou não criação — de uma nova Sudene. A estratégia seria executada imediatamente, nas bases que forem acordadas.

Oportunidade para a Amazônia

A questão: está a floresta amazônica fadada ao mesmo destino da mata atlântica (restam apenas cerca de 6% da cobertura original)? Isso depende essencialmente da estratégia que se adote para a região.

Indo direto à proposta: em nossa visão, a única forma de preservar a Amazônia e dar-lhe densidade econômica é ter uma estratégia de desenvolvimento centrada na biotecnologia, com base na biodiversidade da floresta amazônica (tendo prioridades complementares: turismo ecológico, centros tecnológicos, por exemplo).

Suas opções estratégicas seriam:

- Opção por mudança no paradigma produtivo, que deve orientar-se principalmente para o uso sustentável da biodiversidade-biotecnologia, dentro da idéia de evoluir para uma economia alavancada pela C&T.
- Opção por maior inserção nos mercados global e nacional.
- Opção por redução do hiato de competitividade em relação ao Centro-Sul.
- Ocupação seletiva e descontinuada da Amazônia.
- Opção por processo de modernização social, com redução da pobreza e proteção aos índios, assegurada sua diversidade cultural.

Passando à grande prioridade — biotecnologia:

- Tornar realidade um pólo de biotecnologia na Amazônia — em Manaus, ou ao longo de um eixo interligando Manaus (foz do rio Negro) a Itacoatiara (margem esquerda do Amazonas).

- Para isso, importância de:
  — Melhor definição do marco regulatório relativo à biotecnologia (distribuição dos resultados).
  — O Centro de Biotecnologia da Amazônia (localizado na Superintendência da Zona Franca de Manaus — Suframa) deve adquirir condições para ir preenchendo o hiato tecnológico existente entre a região e os centros nacionais e mundiais mais avançados em biotecnologias economicamente promissoras.
  — Estabelecimento de parcerias com os principais grupos nacionais e estrangeiros que se encontram na fronteira do processo de geração e aplicação desses conhecimentos.

A médio prazo, as oportunidades principais para desenvolvimento da biotecnologia na Amazônia parecem ser:

- Na cosmética farmacêutica: óleos finos de castanha-do-pará e de polpas de frutos diversos; sabonetes finos; óleos essenciais e perfumes; pilocarpina (extraída do jaborandi).
- Na área de inseticidas, insetífugos e assemelhados: derivados da raiz do timbó, da madeira de quina, das sementes de andiroba, folhas de pimenta longa.
- Na produção de alimentos: óleos vegetais (buriti, tucumã e pupunha); aromas e sabores (de plantas e frutos da região); corantes naturais, gomas de mascar naturais, nutrientes especiais, derivados de frutos e de peixes.

E deve continuar, claro, o esforço de empresas como a Extrata, que forma bancos de células extraídas da biodiversidade, para serem aplicadas em diversas áreas.

Também prioridade importante: conversão progressiva da Suframa em Zona Franca de Exportação, pela expansão rápida do seu superávit comercial (exportações para o exterior superiores às importações).

Novamente, a implementação da estratégia seria feita por um consórcio de agências executivas — principalmente BNDES e Suframa —, em articulação com outros agentes, para que haja a identificação e promoção de oportunidades concretas. Óbvio, as parcerias com centros de excelência, entidades empresariais e grupos econômicos são essenciais.

Ou fazemos isso, mobilizando, inclusive, órgãos de governo e lideranças políticas e empresariais, ou a floresta vai continuar sendo destruída, enquanto afirmamos que "a Amazônia é nossa (...)" antes que se acabe.

DIMENSÃO IV
NOVA OPORTUNIDADE PARA O BRASIL PELA SUA CONVERSÃO EM PAÍS DE ALTO CONTEÚDO DE CAPITAL HUMANO (DESENVOLVIMENTO HUMANO), COMO BASE PARA A CONSTRUÇÃO DE UMA ECONOMIA COMPETITIVA E DE UMA SOCIEDADE HUMANISTA

De início — por que nova oportunidade? No Relatório sobre Desenvolvimento Humano de 1990, o Programa das Nações Unidas para o Desenvolvimento (PNUD-ONU) apresentava o caso do Brasil como "oportunidade perdida para o desenvolvimento humano". E o "caso de sucesso" era a Coréia.

Acontece que, na economia do conhecimento, para ter uma economia competitiva e uma sociedade humanista, o capital humano assumiu importância excepcional: o crescimento (e o desenvolvimento) passam a depender principalmente de idéias, *know how,* tecnologia e, em geral, conhecimento. E a fonte de tudo isso é — capital humano.

Vejamos, a seguir, as frentes estratégicas a desenvolver, para que o Brasil possa vir a ser país de alto conteúdo de capital humano, no contexto da economia do conhecimento.

O NOVO MODELO DE EDUCAÇÃO

Antes de tudo, a transformação: não se trata mais de simples educação, mas de aprendizado, e aprendizado permanente (*lifelong learning*). Significando: educação formal, educação e treinamento não formais (mas estruturados) e aprendizagem em geral — na escola, no trabalho, na internet etc. Com reciclagem, sempre: aprender, desaprender, reaprender, sob pena de obsolescência.

Em seguida, o novo modelo de educação. De um lado, educação que transmita os "códigos da modernidade": capacidade cognitiva, capacidade de comunicação, capacidade de tomar iniciativa, criatividade.

De outro, as linguagens básicas: informática/internet, inglês ("língua franca" atual), além, claro, de português e matemática.

PRIORIDADES DA EDUCAÇÃO (*STRICTO SENSU*)

Devemos entender a problemática educacional brasileira: o conflito entre massificação — para levar educação a um país que experimentou uma das maiores explosões demográficas conhecidas — e qualidade — um certo nível de qualidade, sem o que a educação apenas produz diplomas, e ilusões, para o aluno e a sociedade.

Há, então, necessidade de estabelecer prioridades:

- O desafio da nova meta: universalizar o ensino médio, em prazo curto, para assegurar a todos o mínimo de anos de escolaridade — 11 a 12 anos — necessário a funcionar na economia do conhecimento.
- O desafio da qualidade do ensino básico: como apresentado nas revoluções sociais, necessidade de acabar com o ídolo de pés de barro — um bom ensino básico como pedra angular do sistema educacional brasileiro. "Básico é base", começar do começo.
- O desafio qualitativo e quantitativo do ensino superior: universidades públicas e privadas (com exceções) vão mal, obrigado.

Quanto às universidades públicas, já falamos da necessidade de um novo modelo de financiamento, porque o atual (100% de financiamento pelo governo) está falido e não leva à integração universidade/empresa.

- A importância do sistema de avaliação: sem boa avaliação, não há boa educação.

Dois exemplos recentes.

Em julho, foi divulgado que no Prova Brasil, realizado pelo Ministério da Educação em 16 estados brasileiros, os alunos da 4ª série das escolas públicas tiveram "desempenho considerado crítico" em português e matemática: "(...) têm dificuldades em leitura e não sabem fazer divisões simples nem multiplicações com números de dois algarismos".[85]

Em agosto, a publicação dos resultados do Exame Nacional de Desempenhos dos Estudantes (Enade) mostrou o seguinte: "Dos 181 cursos[86] (superiores) que receberam conceito máximo", os alunos de 42 cursos — 23% do total — "tiraram notas médias abaixo de 50 pontos", ou seja, "acertaram menos da metade do teste".[87]

CAPITAL HUMANO E DESENVOLVIMENTO

Duas observações.

A primeira é lembrar a colocação de Peter Drucker: a principal função da empresa é estimular os talentos de seus recursos humanos. Isso mostra a precedência que o guru do *management* no século XX conferiu ao bom aproveitamento do capital humano, em relação às outras prioridades de uma administração empresarial moderna.

Isso nos faz recordar o fato de que há dois lados na questão do capital humano, no país. O da educação (melhor, aprendizado), que é a qualificação do capital humano. E o outro — freqüentemente esquecido —, que é o da demanda, da utilização, da oportunidade (emprego).

Acontece que no Brasil, país de apenas médio conteúdo de capital humano, nas décadas de 1980 e 1990 (e também atualmente), houve subutilização desse mesmo capital, desse patrimônio. Isso fica claro na análise feita por Roberto Cavalcanti, através da construção de um Índice de Capital Humano (ICH).

É o problema: desemprego aberto, subemprego, mercado informal.

E, além disso, passamos a ter problema que não existia: "cérebros em fuga" — é a história do *brain drain,* que afetava muitos países em desenvolvimento (inclusive Índia), mas não o Brasil. A notícia é: "Brasil perde entre 140 a 160 mil pessoas com curso superior por ano".[88]

---

[85]Ver *O Globo*, 1º/7/2006, primeira página. Título da matéria: "Teste reprova 16 estados em leitura e matemática".
[86]Ver nota anterior.
[87]*O Globo*, 16/8/2006, p. 13.
[88]Ver *O Globo*, 20/8/2006, p. 37.

A CONCLUSÃO:
ECONOMIA MODERNA E SOCIEDADE HUMANISTA

É a questão básica: se queremos ter uma economia do conhecimento e uma sociedade humanista, a educação tem que ter — é preciso reiterar — valores humanistas. Inclusive tolerância e ausência de fundamentalismos.

E não é demais lembrar a experiência do século XX: nazismo (Alemanha) e comunismo (Rússia) dominaram dois países de alto conteúdo de capital humano.

OPÇÃO POR ESTRATÉGIA DE DESENVOLVIMENTO SOCIAL COM INCLUSÃO SOCIAL (INCORPORANDO INCLUSÃO DIGITAL) E "PORTAS DE SAÍDA PARA OS POBRES" (OPORTUNIDADE)

CONCEPÇÃO DA ESTRATÉGIA E "PORTAS DE SAÍDA"

A colocação fundamental é tratar-se de uma estratégia de desenvolvimento social, com caráter abrangente e evitando falsos dilemas. O caráter abrangente se revela na idéia de que se deve tomar como critério de avaliação algo como o IDS, criado por Roberto Cavalcanti para o Fórum Nacional.[89]

Esse IDS é integrado pelos seguintes componentes: componente Educação, representado pela taxa de alfabetização e por indicadores da escolaridade média da população; componente Saúde, representado pelos indicadores expectativa de vida ao nascer e taxa de sobrevivência infantil; componente Emprego, representado pela taxa de atividade e de ocupação; componente Rendimento, representado pelo PIB *per capita* e pelo coeficiente de igualdade (o complemento para 1 do coeficiente de Gini); e componente Condições do

---

[89]Ver o *paper* "A Questão social: balanço de cinco décadas e agenda para o futuro" (*in Cinco décadas de questão social e os grandes desafios do crescimento sustentado*, Fórum Especial de setembro de 2004, Ed. José Olympio, Rio de Janeiro, 2005).

Domicílio, representado pela disponibilidade domiciliar de água, energia elétrica, geladeira e televisão. Ao todo, 14 variáveis (o IDH tem três variáveis). Como ilustração, a taxa de aumento do IDS foi de 3,2% na década de 1970, 1,6% na de 80 e 0,79% na de 90. O componente Emprego (trabalho) variou 0,8%; (–) 0,06%; e (–)0,33%, respectivamente. O componente Rendimento, 3,17%; (–) 0,41%; e 0,34. O componente Condições do Domicílio, 6,34%; 2,92%; e 1,67%.

A preocupação com evitar falsos dilemas leva à definição: crescimento com redução da pobreza, redistribuição de renda e mobilidade social. Com prioridade à idéia de oportunidade para os pobres, principalmente através do binômio educação-emprego (bons empregos).

O PONTO DE PARTIDA — INDICADORES DA PRESENTE SITUAÇÃO SOCIAL

A colocação inicial deve ser que a pobreza caiu muito no Brasil, de 1970 para cá. Em 1970, a proporção dos pobres no total da população era de 68%. *Caiu para 35% em 1980*, declinando a uma taxa média de 6,4% a.a. No final dos anos 1980, estava em 30%, e tem estado no patamar de 20% do Plano Real para cá.[90]

No *paper* complementar a este Projeto,[91] Sonia Rocha e Roberto Cavalcanti dizem que a análise do período 1996/2004 "permite demonstrar que não só a ocupação teve desempenho fraco, coerente com o comportamento do produto, como o resultado agregado para o país encontra desequilíbrios de toda ordem, mesmo nos períodos de expansão da ocupação".

E destacam as principais tendências verificadas:

- Crescimento da ocupação urbana.
- Expansão do setor terciário (serviços), como repositário do baixo e instável crescimento da ocupação em setores da mais alta produtividade e renda.

---

[90] Ver o *paper* de Roberto Cavalcanti de Albuquerque e Sonia Rocha, "Vez e voz aos pobres", apresentado ao XVIII Fórum Nacional (livro citado).
[91] Sonia Rocha e Roberto Cavalcanti de Albuquerque, "A questão do emprego no Brasil (1996/2004). E caminhos de saída".

- Aumento da participação feminina.
- Redução do trabalho prematuro (adolescentes).
- Aumento das exigências de escolarização (pelo menos oito anos).

O estudo do Ipea Brasil — *O estado de uma nação: mercado de trabalho, emprego e informalidade (2006)* traz algumas conclusões importantes:

- Mercado informal elevadíssimo: em 1992, era de 51,9% da População Economicamente Ativa (PEA); cresceu para 53,9% em 98; caiu para 51,2% em 2004.
  No último ano, era de 78,5% na agricultura; nos serviços, 52,4%; e no comércio, 53,5%.

Outros trabalhos permitem as seguintes verificações:

- Desemprego aberto muito elevado e em gangorra: 7,2% em 92; 10,4% em 99; e agora, na ordem de 10%.[92]
  De passagem, em 1990, era de 3,1%.
  E o "emprego doméstico" é o que mais cresce, mas 65% dos trabalhadores não têm vínculo formal.[93]
- Ao lado disso, há um grande contingente de "desempregados não-oficiais" (pessoas que desistiram de procurar trabalho). Segundo pesquisa do IBGE,[94] esses desistentes, se considerados, dobrariam a taxa de desemprego.
- O desemprego "é maior entre os jovens do que nas demais faixas etárias; (...) a taxa de desemprego de jovens entre 18 e 23 anos é 2,5 vezes maior que a taxa de desemprego dos demais trabalhadores."

Segundo dados recentes (do Departamento Intersindical de Estatística e Estudos Socioeconômicos — Dieese), *"os jovens são 45,5% dos desemprega-*

---

[92] José Márcio Camargo e Maurício Costa Reis, "Aposentadoria, pressão salarial e desemprego" (mimeo, 2006).
[93] Ver *O Globo*, 27/4/2006, p. 23 (com base em perfil do setor divulgado pelo IBGE).
[94] Ver a matéria: "Desemprego real no país é o dobro do oficial", em *O Globo*, 6/8/2006, primeira página.

dos". E: "(...) taxa de desocupação, entre os que têm de 16 a 24 anos é quase o triplo das demais faixas".[95]

Tudo isso não é problema de hoje. É conseqüência das políticas econômicas e sociais dos últimos 20 anos, principalmente.

A SAÍDA PROPOSTA: IR ÀS CAUSAS DO PROBLEMA SOCIAL — DESENVOLVIMENTO SOCIAL COM "PORTAS DE SAÍDA"

A idéia de "portas de saída" para a pobreza está na linha da recomendação do presidente Lula na oportunidade do lançamento do Fome Zero: necessidade de que o programa, ao lado das ações de caráter conjuntural, tivesse também ações de caráter estrutural, para realmente encaminhar a solução do problema. *E chegou a citar o conhecido ditado chinês, de que, além de dar o peixe a quem tem fome, deve-se também ensinar a pescar.*[96]

Porque a orientação de caráter assistencialista nem o pobre deseja. Quando uma comitiva do governo foi para Guaribas, no Piauí — a primeira das cidades-piloto do Fome Zero —, vários jornais entrevistaram a população local. A mais expressiva das manifestações foi de uma senhora, cabeça de família, que falou ao repórter: "Quero ter uma ocupação que me dê um pouco de renda para sustentar minha família."

Em verdade, como diria Joãosinho Trinta, quem gosta de assistencialismo é intelectual. Certo tipo de intelectual.

Tal orientação geral se desdobra nas frentes estratégicas apresentadas a seguir.

CRESCIMENTO MAIS ELEVADO, COM REDUÇÃO DA POBREZA E GRANDE GERAÇÃO DE EMPREGO (OCUPAÇÃO). E, EM GERAL, INCLUSÃO SOCIAL (INCORPORANDO INCLUSÃO DIGITAL)

Pela estimativa SR/RCA, para absorver a expansão da PEA e, no médio prazo, atender ao enorme contingente de desempregados, inativos e subocu-

---

[95] Segundo a *Folha de S. Paulo*, de 14 de setembro, primeira página, apresentando os resultados de pesquisa do Dieese.
[96] Ver Introdução ao livro *A nova geografia da fome e da pobreza*, Fórum Especial de 2004, Ed. José Olympio, Rio de Janeiro, 2004.

pados/sub-remunerados, "é essencial garantir crescimento econômico sustentado em torno de 6% a.a".[97]

Cabe notar: trata-se de ter mais crescimento, de forma estável, com certa ênfase em setores geradores de emprego, direto e indireto (o BNDES tem estudos nesse sentido). E alguns desses setores estão enfrentando dificuldades: complexo agricultura/agroindústria, construção civil, têxteis, vestuário, calçados.

Entretanto, isso não será suficiente, pois estaremos aproveitando apenas as vantagens comparativas a nível nacional. Será necessário também procurar explorar as vantagens comparativas regionais (já cobertas no capítulo referente a "oportunidade para o Nordeste e Amazônia"). E as vantagens comparativas dinâmicas (potenciais) a nível local.

Então, há necessidade de políticas de desenvolvimento de local integrado, significando busca de oportunidades locais de crescimento e expansão do emprego.

Segundo a colocação feita: "(...) Há as iniciativas locais voltadas diretamente para a *implantação de atividades produtivas* (grifo nosso). A busca de vantagens comparativas locais que tirem partido de uma combinação específica de fatores — locacionais, logísticas, decorrentes de recursos produtivos, de acesso privilegiado a um determinado tipo de matéria-prima, de mercado etc. — está na base das histórias de sucesso na criação de novos pólos produtivos dinâmicos. Casos considerados exemplares, como Caruaru (PE), Toritama (PE), Santa Cruz do Capibaribe (PE) e Pedro II (PI), resultam da confluência feliz de fatores que foram devidamente explorados. Neste sentido, os APLs são promissores quando efetivos na organização dos atores locais e no estabelecimento das relações institucionais necessárias para a identificação de oportunidades produtivas e *para a implementação de forma mais adequada a cada situação específica* (grifo nosso)."

Essas oportunidades locais existem em todo o país (outro exemplo: pólo de *lingerie* em Friburgo-RJ), e devem ser apoiadas pelos governos estaduais e pelos bancos de desenvolvimento, como o BNDES, Banco do Brasil (que já tem um programa nesse sentido) e BNB. Além de bancos estaduais.

---

[97] *Paper* citado.

OUTRAS SAÍDAS — E O FOCO NOS JOVENS

A pequena empresa, como antes mencionado, pode tornar-se importante na geração de bons empregos (fora da informalidade e com razoável nível de produtividade e renda) se forem adotadas, em relação a ela, as políticas diferenciadas, no tocante a tributação, legislação do trabalho e previdência social. E se houver ampliação do microcrédito, através de uma combinação de bancos estatais e privados.

Outra linha de ação diz respeito ao acesso dos pobres às políticas sociais, e principalmente:

- Educação (de boa qualidade), assegurando-se uma escolaridade mínima de oito anos aos jovens com menos de 25 anos (hoje, 26% dos jovens de 18 a 25 anos têm menos de oito anos de estudo).
  E a meta nacional, já apresentada: universalizar o ensino médio em prazo razoável (já que o ensino básico foi, praticamente, universalizado para a faixa de idade própria).
- Saúde (de boa qualidade). O Sistema Único de Saúde (SUS) tem de ser reestruturado. É grande demais e funciona mal (principalmente no tocante aos hospitais públicos).
- Saneamento: a área foi abandonada, dos anos 1980 para cá. O marco regulatório foi aprovado no Senado em julho/2006, após anos de encalhe, mas ainda tem de ser aprovado na Câmara.

O investimento no setor tem sido baixíssimo: 0,24% do PIB. Segundo a Associação das Empresas de Saneamento Básico (Aesbe), a meta de universalização, considerado o cenário tido como mais provável, "só viria em 2037".

Felizmente, a CEF passou a dar prioridade ao setor.

Além disso, dar certo foco às *políticas de oportunidade para os pobres, conferindo prioridade à faixa dos jovens, digamos, entre 16 e 24 anos. E principalmente os jovens em situação de risco.*

Indo às causas: reavaliação dos programas de transferência de renda

A colocação básica: em 2005, segundo visto, os gastos *com a previdência e assistência social, ou seja, transferências a pessoas — alcançaram 60,6% dos gastos não-financeiros da União. É impossível dissociar uma coisa da outra (previdência versus assistência), porque há um enorme conteúdo de subsídios (inclusive a pessoas de renda média e média-alta) dentro da previdência do INSS e da previdência pública (os chamados inativos e pensionistas). Não esquecer, por outro lado, que os dois sistemas de previdência têm enorme rombo de caixa, que o Tesouro tem de cobrir. Sem falar no rombo atuarial, que é uma bomba de efeito retardado, à nossa espera lá na frente.*

Dentro do total, a parcela correspondente, especificamente, a Loas, RMV e transferências diretas de renda, (Bolsa Família) equivale a 4,4% da despesa não-financeira e tem *crescido rapidamente* (era inexpressivo, até alguns anos atrás).

Colocando o assunto em perspectiva: o conjunto de programas de transferências de renda, que em 2005 representou 61% das despesas orçamentárias, como acabamos de dizer, *em 1987 representava apenas 22%.*

Aparentemente (porque não foi explicitado), fez-se a opção por um grande *welfare state*, em prejuízo da ênfase em programas de emprego (ocupação) e da realização de investimentos com recursos orçamentários. E isso ocorreu, essencialmente, através do aumento rápido da carga tributária, que passou de 24 para 38% do PIB em pouco mais de 10 anos.

Parece, portanto, ser a hora de explicitar a nossa opção social e reexaminá-la.

A idéia é reavaliar todo esse conjunto (61% dos gastos não-financeiros), para que a sociedade possa fazer opções, com conhecimento de causa. Porque houve muitas opções sociais feitas pela Constituição de 1988 (e depois dela), sem explicitação do que isso iria representar no futuro e sem indicação de fonte de receita. Fez-se uma pequena gravidez, e agora a criança está com nove meses. O resultado é, como já foi dito, que o orçamento federal está numa camisa-de-força, e o investimento se tornou residual. É por isso que a carga tributária (altíssima) não cai.

Quanto aos novos programas sociais, em que se destaca o Bolsa Família, o critério de avaliação é aquele definido pelo próprio presidente Lula: dar "portas de saída" aos pobres, para que, com o tempo, eles deixem de ser pobres. *A preocupação é com o futuro — como devem os programas ser a partir de agora.*

Uma palavra sobre o Bolsa Família, por causa de certas dúvidas que ele suscita.

Primeira dúvida: saber se o Bolsa Família (que unificou e ampliou o Bolsa Escola, o Bolsa Alimentação, o Benefício Assistencial de Prestação Continuada e o Auxílio-Gás) está dentro da citada orientação do presidente Lula, de dar o peixe (provisoriamente), mas também ensinar a pescar. Ou seja, se tem porta de saída.

O Bolsa Escola tinha contrapartidas bem definidas, era bem acompanhado (por assistentes sociais) e tinha "porta de saída". Agora, a dúvida está em saber se, colocados todos esses programas num bolo, que cresceu aceleradamente, está havendo controle das contrapartidas e, portanto, das "portas de saída".

Segunda dúvida: o programa tornou-se grande demais. Estamos próximos a alcançar 12 milhões de famílias (algo como 45 a 50 milhões de pessoas). Como referência: a população em situação de extrema pobreza, com base no Censo Demográfico de 2000, alcançava 21,7 milhões de pessoas.[98] E o total de pobres, no Brasil, em 2004, estava em cerca de 35 milhões de pessoas.[99]

Outra conseqüência da grande dimensão do programa é que ele se tornou dificilmente administrável. Talvez tivesse sido melhor estabelecer um sistema de coordenação entre os programas assistenciais existentes e dar ênfase ao Bolsa Escola, que era administrável. Mas agora o assunto já está decidido.

Entretanto, reiterando: a *grande preocupação, segundo dito, é que os benefícios de transferência de renda (os 61% dos gastos não-financeiros,*

---

[98] Ver *paper* de Sonia Rocha e Roberto Cavalcanti de Albuquerque, "Geografia da pobreza extrema e vulnerabilidade à fome" (*in* A nova geografia da fome e da pobreza, Ed. José Olympio, 2004).

[99] Segundo a estimativa já referida, constante do *paper* de Sonia e Roberto para subsidiar este Projeto (a metodologia da forma de chegar a esse número está no anexo ao mesmo trabalho).

como mencionado), tornaram-se dispendiosos demais, para um país do nível de renda per capita do Brasil e para a disponibilidade de recursos, mesmo com a atual, elevada, carga tributária. Esse conjunto de transferências engessa o orçamento, não deixa margem para investimentos, nem para a atuação do governo federal em apoio a programas regionais e locais de geração de produto e emprego. Por isso, necessidade de rediscutir as opções sociais feitas, implícita ou explicitamente, a partir da Constituição de 1988.

Então, como saída, pode-se pensar em:

- Conter a expansão — parar no contingente de famílias já beneficiado pelo Bolsa Família. Talvez, estabelecer prazo para permanência no programa.
- Fazer esforço de ligação do Bolsa Família com programas locais de desenvolvimento integrado (geração de produto e emprego), em conexão com governos estaduais, municipais e ONGs.
- Esforço, também, de correção das distorções: há parcela significativa de participantes que estão acima do nível de renda aceitável.

Enfim, quanto ao Bolsa Família, atitude positiva, com espírito aberto, para fazer o melhor possível daquilo que já foi iniciado, e evoluir no sentido de encontrar "portas de saída" — tirar os pobres, efetivamente, da pobreza.

Quanto aos demais benefícios de transferências de renda — uma previdência cheia de subsídios e de assistência social —, adotar uma agenda de reformas que permita duas coisas essenciais: viabilizar financeiramente o sistema de previdência, pública e privada; e tirar a camisa-de-força do orçamento, para que ele possa desempenhar um papel mais relevante no desenvolvimento econômico e social.

SÍNTESE DO "PROJETO" E PROPOSTAS AO GOVERNO E CONGRESSO

SÍNTESE DO PROJETO DE BRASIL

Em retrospecto, sinteticamente, o Projeto aqui proposto resulta em duas visões:

VISÃO DE BRASIL

O Brasil como sociedade caracterizada pela tolerância e a eqüidade, e uma civilização baseada em valores humanistas, sem fundamentalismos e sem os "circos de horrores" da crise política interminável e da barbárie na área de segurança pública.

Sociedade que manifesta seu poder de, com o apoio dos meios de comunicação e em associação com o Estado, definir os rumos do país, realizando as opções necessárias à construção dessa visão de Brasil: opção pela prioridade máxima à segurança, reforma política, construção de novo modelo de Estado — Estado Inteligente, revoluções sociais que fundamentem uma república democrática de direito.

Sociedade que, resgatando dívida centenária, dê efetiva participação aos pobres, econômica, social, política, culturalmente.

Sociedade que preserve o lado positivo do "homem cordial" e o *Brazilian way of life* ("Modo brasileiro de viver"). Lembrando Bono Vox, quando esteve recentemente no Brasil: "O brasileiro é o irlandês que sabe dançar".

VISÃO DO DESENVOLVIMENTO

Superação dos obstáculos macroeconômicos à retomada gradual do alto crescimento, como componente principal da preparação das bases para viabilizar uma estratégia de desenvolvimento orientada para a inovação — através da Empresa Inteligente —, e a economia do conhecimento, cuja capacidade de transformação é maior que a de todas as revoluções tecnológicas anteriores (desde a Revolução Industrial, em fins do século XVIII).

Economia do conhecimento com duas portas de entrada: universalizar a inclusão digital para a inclusão social e o desenvolvimento; e desenvolver biotecnologia para os pobres.

Economia do conhecimento cujo modelo use o conhecimento para criar novas *competitive edges* (vantagens competitivas); desenvolva estratégia de competitividade internacional voltada para a criação de elasticidade nas vantagens comparativas; proporcione oportunidade de desenvolvimento ao Nordeste e à Amazônia; e transforme o Brasil em país de alto conteúdo de capital humano (desenvolvimento humano).

Tal opção de desenvolvimento deve, igualmente viabilizar uma estratégia de desenvolvimento social abrangente e sem falsos dilemas, com inclusão social (incorporando inclusão digital) e prioridade à idéia de *oportunidade para os pobres*, principalmente, através do binômio educação-emprego. O que significa "portas de saída" da pobreza.

O "PROJETO" EM TRÊS PALAVRAS: INICIATIVA, CRIATIVIDADE, OPORTUNIDADE

Considerando o Projeto sob outro ângulo, a idéia, em última análise, é liberar três forças dentro da sociedade: iniciativa, criatividade, oportunidade.

INICIATIVA

- Atitude das pessoas, empresas, entidades de classe e entidades sindicais, e sociedade em geral, que fuja à tradição de ficar esperando tudo, ou quase tudo, do Estado.
  Em conseqüência, espírito empreendedor dos indivíduos, seja nas empresas, seja partindo para a sua própria experiência empresarial (micro e pequena empresa), seja em cargo público.
- Iniciativa na montagem de programas voltados para desenvolver vocações regionais e locais de desenvolvimento, principalmente nas regiões menos desenvolvidas — Nordeste e Amazônia —, usando o espírito empreendedor dessas áreas, de forma descentralizada, sem prejuízo de parcerias com empresas do Centro-Sul.

- Iniciativa por parte dos grandes empresários brasileiros para criar, como pessoas (e não apenas através de suas empresas), Fundações e outros tipos de entidades sem fins lucrativos, a exemplo dos capitães da indústria americanos (e até dos *robber barons*), nos campos tecnológico, social, cultural. A idéia de responsabilidade social das empresas é importante, mas deve ser complementada por iniciativas individuais (se necessário promovendo-se a revisão da legislação brasileira, para viabilizar esse novo campo de ação dos homens de dinheiro).
- Espírito de associativismo, para que a sociedade de massa se organize, e seja uma sociedade ativa e moderna.
- Criação das condições para uma sociedade com espírito de iniciativa: o sistema educacional, como antes proposto, tem de ensinar os "códigos da modernidade", e principalmente a capacidade de tomar iniciativa.

CRIATIVIDADE

- Ambiente social que estimule a criatividade das pessoas, e das empresas, criatividade, igualmente, das instituições sociais.
- Revelar criatividade no Estado, seja quanto à formulação de estratégias e políticas, seja através de gestão empreendedora. Mais especificamente, criatividade para encontrar o caminho que permite ao país voltar a ser, gradualmente, economia de alto crescimento, dando, assim, oportunidade à "geração perdida" (a que não viu o Brasil crescer), hoje perplexa no meio da floresta. E, também, criatividade na solução de problemas como o da segurança e o do destino das favelas e periferias urbanas, restabelecendo o senso de comunidade nas grandes cidades brasileiras, hoje fragmentadas.
- Criatividade, ao mesmo tempo, para tornar o Brasil um país de grande riqueza cultural e espiritual, em todos os campos da cultura.

OPORTUNIDADE

Se houver iniciativa e criatividade, haverá oportunidade.

- Oportunidade econômico-social para todos, principalmente através de educação e emprego. Oportunidade, também, para outras formas de realização pessoal.
- Oportunidade política, para os que tiverem vocação, através de partidos políticos mais abertos e menos dominados por oligarquias e caciquismo.

COMO SOCIEDADE, O QUE DEVEMOS QUERER DO ESTADO — GOVERNO E CONGRESSO

Feita a opção por uma sociedade ativa e moderna, que procure definir rumos para o país, é hora de dizer-se, ao governo e ao Congresso, o que achamos que devem fazer, prioritariamente. Então:

Cinco coisas que vamos pedir ao governo:

1. PRIORIDADE À SEGURANÇA, para viabilizar a ESTRATÉGIA NACIONAL DE SEGURANÇA PÚBLICA (integrando União, estados e municípios).
2. VOLTA AO ALTO CRESCIMENTO, com uma boa ESTRATÉGIA DE DESENVOLVIMENTO. Dela deve constar um PROGRAMA DE ECONOMIA DO CONHECIMENTO para o Brasil.
3. UNIVERSALIZAÇÃO DO ENSINO MÉDIO (em prazo razoável), para que os pobres tenham acesso à universidade, e UNIVERSALIZAÇÃO GRADUAL DA INCLUSÃO DIGITAL, para levar a todos informação e conhecimento.
4. POLÍTICAS ESPECIAIS DE EMPREGO, inclusive a nível local (principalmente para jovens em situação de risco, ou seja, *oportunidade*).
5. REFORMA DO ESTADO, pela adoção do modelo de Estado Inteligente. O Estado hoje é caro, não faz o que deve fazer e faz o que não deve, e leva a uma carga tributária escandalosa.

Cinco coisas que vamos pedir ao Congresso Nacional e ao sistema de partidos:

1. REFORMA POLÍTICA (considerada urgente e suprapartidária).
2. SEGUNDA ETAPA DA REFORMA DO JUDICIÁRIO (reforma dos códigos de processo). Também urgente e suprapartidária.
3. CONTENÇÃO DE DESPESAS (com redução de mordomias, que representam várias vezes o salário básico dos congressistas).
4. CO-RESPONSABILIDADE NA AGENDA DE REFORMAS ECONÔMICAS (em lugar de transformá-la em oportunidade para obtenção de benefícios para partidos). Isso inclui CO-RESPONSABILIDADE NO AJUSTE FISCAL, que não pode ser tarefa apenas do Poder Executivo.
5. Aprovação, a prazo curto, DA LEI GERAL DA PEQUENA E MÉDIA EMPRESA, essencial para a incorporação das micro, pequenas e médias empresas (MPMEs) ao desenvolvimento e para a redução do mercado informal.

CONCLUSÃO: A DÚVIDA — COM "PROJETO", HÁ ESPERANÇA?

Na introdução a este PROJETO, vimos o país como um "Prometeu acorrentado", pela dificuldade de realizar o seu grande potencial — potencial de país (potencial de civilização) e potencial de desenvolvimento. É o nosso evidente desnível entre potencial e realidade.

Liberar esse Prometeu é que dá sentido a um Projeto de Brasil, levando em conta que SUBDESENVOLVIMENTO NÃO É DESTINO — É REFLEXO DE OPÇÕES EQUIVOCADAS. E criando condições para realizar o nosso potencial. Por isso, o Projeto tem de nascer do verdadeiro diálogo entre Estado e sociedade, por aproximações sucessivas.

Esta proposta do Fórum Nacional é um ponto de partida. Tem a finalidade de levar "idéias para a agenda do novo governo".

Mas, diante de tudo que analisamos e propusemos, coloca-se a indagação final: se houver um Projeto de Brasil — há esperança? Nesse ponto, surge a dúvida inevitável — é viável o Projeto? Não adianta fazermos *wishful thinking*.

O Brasil já enfrentou desafios externos terríveis — Grande Depressão (nos anos 1930), crise do petróleo (a partir de fins de 1973). E encontrou a saída, pelo crescimento, mudando o modelo de crescimento.

Além disso, soube realizar, como dito anteriormente, três momentos de alto crescimento.

Mas agora o desafio é diferente: não sabemos se vai haver choque externo — por enquanto, há turbulências. O que já existe é um choque interno — ou choques internos —, que fragiliza as instituições, principalmente do Estado, e o sistema de partidos. E desorientam a sociedade civil.

Então, a resposta é — depende.

Podemos enfrentar o atual desafio (que tem o complicador do avanço de emergentes, como China e Índia), se houver *reação* e *convergências*.

O fator favorável é que, desta vez, o setor privado está melhor, muito mais fortalecido, e a sociedade civil mais ativa, embora esteja em grande parte desmotivada, e ainda não seja realmente moderna — nela existem áreas de modernidade.

Ponto essencial é que temos de entender ser bem diferente a natureza do desafio atual do desenvolvimento. De um lado, como visto, o crescimento depende mais da Produtividade Total dos Fatores de Produção (TFP) do que da taxa de investimentos, mesmo porque os investimentos mais relevantes a serem feitos são em Intangíveis, e não em Capital fixo (salvo em certos setores intensivos em capital).

De outro, como analisado, o desenvolvimento hoje depende principalmente de dois fatores que a tradição brasileira tendia a negligenciar — conhecimento e capital humano. E havia, também, a subestimação do papel das instituições (partidos, Congresso, Judiciário, "regras do jogo").

Sem embargo, temos a nosso favor a criatividade, fundamental para que o funcionamento dos dois fatores citados — conhecimento e capital humano — opere bem. E já entendemos a importância destes. Mais, estamos avançando em ambas as áreas.

E o Projeto significa sabermos o que queremos, em matéria de construção do país e construção do desenvolvimento.

Então, será indispensável desenvolvermos um mínimo de convergências, para fazer opções difíceis — econômica, social e politicamente —, como as identificadas. E, igualmente, que ocorra uma reação do Estado, para melhorar suas instituições e sua gestão. A sociedade, também, precisa continuar reagindo e convencer-se da necessidade de co-liderar o Projeto.

Por isso, nossa resposta é: se temos um Projeto, se houver convergências, se as instituições, do Estado e da sociedade civil, reagirem — então há esperança.

Sim, ESPERANÇA, AINDA QUE TARDIA.

Porque o Brasil vai mudar.

Porque a sociedade está acordando.

SEGUNDA PARTE

EMPREGO E INCLUSÃO DIGITAL: PRIORIDADES NACIONAIS

A questão do emprego: mais ocupação e renda com justiça social

Sonia Rocha*
Roberto Cavalcanti de Albuquerque**

---

*Economista, IETS (Instituto de Estudos do Trabalho e Sociedade).
**Diretor-técnico do Inae — Fórum Nacional. Ex-secretário de Planejamento do Ministério do Planejamento.

INTRODUÇÃO

ESGOTADOS OS EFEITOS IMEDIATOS da estabilização monetária, a absorção insuficiente de mão-de-obra pelo mercado de trabalho brasileiro, embora lamentável, dificilmente poderia ter sido evitada. Além do pouco expressivo crescimento da economia, a continuidade dos ajustes produtivos às novas condições macroeconômicas, inclusive a abertura crescente ao exterior, desorganizaram fortemente a produção. A partir da desvalorização cambial de 1999, embora sob novas condições, o crescimento econômico continuou sendo muito baixo por diferentes razões.

Como pano de fundo desta evolução, uma característica estrutural adversa da força de trabalho, o seu nível de qualificação muito baixo — 7,3 anos de estudo em média em 2004,[1] com um enorme contingente de pessoas funcionalmente analfabetas —, resulta num claro descompasso com o nível de desenvolvimento produtivo e a conseqüente necessidade de mão-de-obra.

Embora, no curto prazo, não haja como modificar a restrição da oferta de mão-de-obra no que tange à qualificação dos trabalhadores, é essencial minimizar os efeitos deletérios desta restrição, de modo que o período de transição — correspondente ao tempo necessário à eliminação do atraso histórico em termos do nível e da distribuição da educação — ocorra com o menor ônus socioeconômico possível. Políticas consistentes neste sentido são essenciais porque é através do funcionamento do mercado de trabalho que se formam as rendas das famílias, determinando, portanto, o bem-estar em geral, e, especificamente, os níveis de pobreza e de desigualdade.

---

[1] Anos médios de estudo da mão-de-obra ocupada de 10 anos ou mais de idade em 2004.

A expansão da ocupação é, portanto, um desafio central de política pública. Embora sob restrições macroeconômicas quanto aos limites do crescimento e na dependência da articulação possível entre demanda e oferta de mão-de-obra, há que se considerar a necessidade de criar postos de trabalho e melhorar sua qualidade como prioridade nacional — de forma complementar e articulada à solução das questões relacionadas à redução da pobreza absoluta e desigualdade.

Este texto tem como objetivo tratar da ocupação em geral, referindo-se apenas pontualmente ao emprego *stricto sensu*, ou seja, formalmente contratado, bem como às outras formas de ocupação. Na próxima seção é apresentado um panorama geral da evolução do mercado de trabalho após o Plano de Estabilização, destacando-se as oscilações conjunturais que resultaram em desempenho desfavorável tanto da ocupação como do rendimento do trabalho. A seção 3 enfoca particularmente o período mais recente, de forma a evidenciar em que medida ocorreram mudanças na estrutura da ocupação, em particular nos períodos de sua expansão, 2001-2002 e 2003-2004. Tendo como pressuposto a forte correlação entre crescimento econômico e emprego (*lato sensu*, ou seja, no sentido de ocupação), a seção 4 apresenta caminhos possíveis para promover a expansão da ocupação. A seção 5 descreve a situação presente — isto é, pós-2004 — do mercado de trabalho metropolitano e as perspectivas em termos de expansão da ocupação. Finalmente a seção 6 sumariza, à guisa de conclusão, os principais pontos abordados ao longo do texto.

CRESCIMENTO E OCUPAÇÃO:
O PANO DE FUNDO (1996-2004)

Depois do impacto notável da estabilização monetária e da bolha de crescimento econômico que a ela se seguiu, resultando em aumentos generalizados da ocupação e da renda, além de redução da pobreza e da desigualdade, a segunda metade da década de 1990 foi um fiasco. Em parte devido à abertura econômica e ao comportamento defensivo dos setores produtivos, aprofundou-se a reorganização da produção, para o que contribuiu a taxa de câmbio favorável à importação de bens de capital. Câmbio sobrevalorizado e déficit público crescente caracterizaram uma situação macroeconômica complicada e adversa, agravada ainda pela conjuntura internacional desfavorável (crises asiática e russa). Como resultados, baixo crescimento econômico e evolução pífia da ocupação a partir de 1996.

De fato, em 1996, houve uma redução absoluta do pessoal ocupado em nível nacional, mas o rendimento médio ainda cresceu de forma vigorosa (16%), o que permitiu a expansão da massa salarial. A partir de 1997, o crescimento anêmico do rendimento médio culmina com o declínio observado entre 1998 e 1999 (−1,5%).

O desempenho fraquíssimo da ocupação e do rendimento são reveladores de situação crítica, sob todos os ângulos, do mercado de trabalho. Avança a precarização da ocupação e o emprego formal declina, dando continuidade à tendência observada desde o início da década, sem que tivessem sido atingidos níveis civilizados de formalização do mercado de trabalho. Esta precarização da ocupação reflete a queda do emprego industrial e o inchamento do terciário, com ocupações típicas de desemprego disfarçado, baixa produtividade e baixa remuneração. Simultaneamente o desemprego cresce de forma contínua a partir de 1996 (6,9% em 1996; 7,8 em 1997; 9,0% em 1998; 9,6% em 1999).[2]

Nas regiões metropolitanas, onde, dadas as características do mercado de trabalho, o conceito de desemprego[3] é mais relevante, a taxa de desemprego aberto dá um salto, mudando claramente de patamar: a média anual nas seis metrópoles acompanhadas pela pesquisa mensal oficial passou de 5,67% em 1997 para 7,6% em 1998.[4] Vale destacar que a taxa de participação nas áreas metropolitanas — onde, por natureza, se localiza o cerne da crise do mercado de trabalho — declinou a partir de 1996 (média 59,6% em 1996 para 57,1% em 1999), o que certamente amenizou o efeito do desempenho desfavorável da ocupação sobre a taxa de desemprego aberto.

---

[2] Instituto Brasileiro de Geografia e Estatística/Pesquisa Nacional por Amostra de Domicílio (IBGE/Pnad).
[3] Trata-se da taxa de desocupação, já que se refere ao conjunto da população economicamente ativa (PEA).
[4] IBGE/PME. Observar que as taxas de desemprego mencionadas são anteriores às da série nova que se inicia em janeiro de 2003.

A desvalorização de janeiro de 1999 teve, de forma surpreendente, efeitos rápidos e positivos sobre o nível de atividade. Já em meados de 1999 havia indícios claros de retomada do nível de ocupação, que cresceu 2,45% em relação a 1998, o que, é necessário dizer, apenas compensa a quase estagnação do número de pessoas ocupadas entre 1997 e 1998. No entanto, o rendimento médio caiu fortemente (–7,5%), de modo que a situação no mercado de trabalho se manteve muito crítica. Em 2000, o que se passou nas áreas metropolitanas sugere que este quadro teria sido ainda mais favorável: segundo a Pesquisa Mensal de Emprego (PME), a ocupação cresceu em 4,2%, embora sem recuperação do rendimento médio, que declinou (–0,5%).[5]

Reconhece-se hoje que a desvalorização de 1999 representou um ponto de inflexão na economia brasileira. A moeda sobrevalorizada por um período muito longo depois da estabilização vinha levando ao aprofundamento do ajuste do setor produtivo iniciado anteriormente: tanto no sentido do "enxugamento" da mão-de-obra, como da capitalização e modernização das operações, possibilitando melhorias de produtividade e de competitividade, inclusive no mercado externo, mas com efeitos deletérios inevitáveis e imediatos sobre o mercado de trabalho. Com a mudança cambial, houve novas e melhores condições para o crescimento econômico e a recuperação do mercado de trabalho.

A crise de energia de 2001 veio pôr em cheque a retomada do nível de atividade e da ocupação, de modo que a comparação entre 1999 e 2001 mostra um crescimento anual modesto do número de pessoas ocupadas, da ordem de 1,43%.[6] Feito o ajuste energético, ocorre nova retomada da ocupação entre 2001 e 2002, a mais robusta observada no período pós-Real — 3,76% —, o que significou um aumento de 2,8 milhões de pessoas ocupadas. Esta recuperação é de novo abortada de 2002 para 2003, devido às incertezas políticas que cercaram o processo eleitoral. Com a posse do novo governo e a condução respon-

---

[5] No ano censitário não se realiza a Pnad, de modo que comparações nacionais com base nessa pesquisa por amostra têm de ser feitas, necessariamente, entre 1999 e 2001.
[6] Ou 2,88% entre 1999-2001. O PIB cresceu 4,36% de 1999 para 2000, mas apenas 1,31% de 2000 para 2001, ou 6% entre 1999 e 2001.

sável da economia, dá-se início à recuperação da atividade, que resulta no aumento da ocupação entre 2003 e 2004 (3,31%, correspondendo a mais 2,65 milhões de pessoas ocupadas).

A respeito desta evolução cabem três observações básicas.

A primeira é que desde o Plano Real a economia mostra-se incapaz de retomar o ritmo de crescimento de forma sustentada, mantendo taxas de expansão do PIB geralmente baixas, os anos de 2000 e de 2004 aparecendo como exceções. A Tabela 1 mostra como o crescimento do PIB foi baixo em relação ao que se considera minimamente viável em condições normais no Brasil, isto é, crescimento anual em torno de 4%. Por outro lado, considerando o resultado do PIB, a evolução do número de ocupados foi até relativamente robusta, mas todavia insuficiente para dar conta de absorver a expansão da PEA. Por sua vez, o crescimento da PEA foi mais forte que o da população em idade de trabalhar devido às condições insatisfatórias em que se deu a expansão da ocupação, com rendimentos médios em declínio, por exemplo. As razões que impediram um crescimento do PIB em nível adequado e sustentado foram as mais diversas — macroeconômicas, de conjuntura externa, decorrentes de pontos de estrangulamento produtivo e de incertezas políticas. De qualquer modo, considerando o crescimento médio anual do PIB no período 1996-2004 — 2,16% —, ele foi claramente insuficiente para a absorção da PEA. E isto mesmo face à prevalência de fatores que reduzem o crescimento da PEA, como o aumento do tempo destinado exclusivamente à escolaridade, o desestímulo ao ingresso no mercado de trabalho devido às condições adversas nele prevalecentes e à própria evolução mais moderada da população em idade de trabalhar (PIT), de fatores de natureza demográfica.

TABELA 1

TAXA DE CRESCIMENTO ANUAL DO PIB, DA POPULAÇÃO EM IDADE
DE TRABALHAR E DA POPULAÇÃO OCUPADA

PIB e população	Taxa de crescimento anual (%)								Média
	96/97	97/98	98/99	99/00*	00/01*	01/02	02/03	03/04	96/04
PIB	3,27	0,13	0,79	4,36	1,31	1,93	0,54	4,94	2,16
Pop. ocupada	2,08	0,91	2,45	1,43	1,43	3,76	1,53	3,31	2,11
PEA	3,04	2,22	3,16	2,55	2,55	3,53	2,17	2,51	2,72
PIT	1,38	2,12	1,85	1,68	1,68	2,09	2,03	1,77	1,83

*As variações observadas na Pnad para o período 1999-2001 foram anualizadas.

FONTES: IBGE/Pnad; Ipeadata.

A segunda observação diz respeito à relativamente baixa aderência entre as taxas de crescimento do PIB e as taxas de crescimento da ocupação, o que indica tanto efeitos defasados no tempo, como impactos diferenciados, sobre a ocupação, da composição setorial da expansão do produto, alterando a elasticidade emprego-produto. Neste sentido, embora o crescimento do PIB seja desejável, há que considerar que tipos diferentes de crescimento se rebatem de forma diversa sobre a ocupação vista agregadamente. Como se verá a seguir, apesar de anos recentes em que houve maior crescimento da ocupação e que podem ser analisados a partir da Pnad[7] — 2001-2002 e 2003-2004 — apresentarem características muito diversas, as mudanças ocorridas na composição da ocupação foram predominantemente de caráter estrutural[8] e vêm se processando de forma contínua.

A terceira observação refere-se ao rendimento do trabalho. Em função da falta de dinamismo da ocupação, o rendimento médio do trabalho declinou em todos os anos desde 1996, independentemente das oscilações verificadas na taxa de ocupação (Gráfico 1): de tal modo que o resultado foi uma queda de 19,8% entre os anos extremos do período.[9] Isto ocorreu porque os aumentos da taxa de ocupação, mesmo nos anos mais favoráveis de 2001-2002 e 2003-

---

[7]A retomada da ocupação que ocorreu de 1999 para 2000 não pode ser analisada com os dados da Pnad.
[8]Ver a seção 3.
[9]Rendimento médio real das pessoas ocupadas com rendimento positivo (preços de setembro de 2004): R$ 903, em 1996, e R$ 733 em 2004. Fonte: IBGE/Pnad.

2004, não foram capazes de compensar seu desempenho fraco do período como um todo, mantendo-se, em todos os anos, demanda insuficiente por mão-de-obra.

GRÁFICO 1
EVOLUÇÃO DO RENDIMENTO MÉDIO REAL
E DA OCUPAÇÃO — 1996-2004 VARIAÇÃO ANUAL (%)

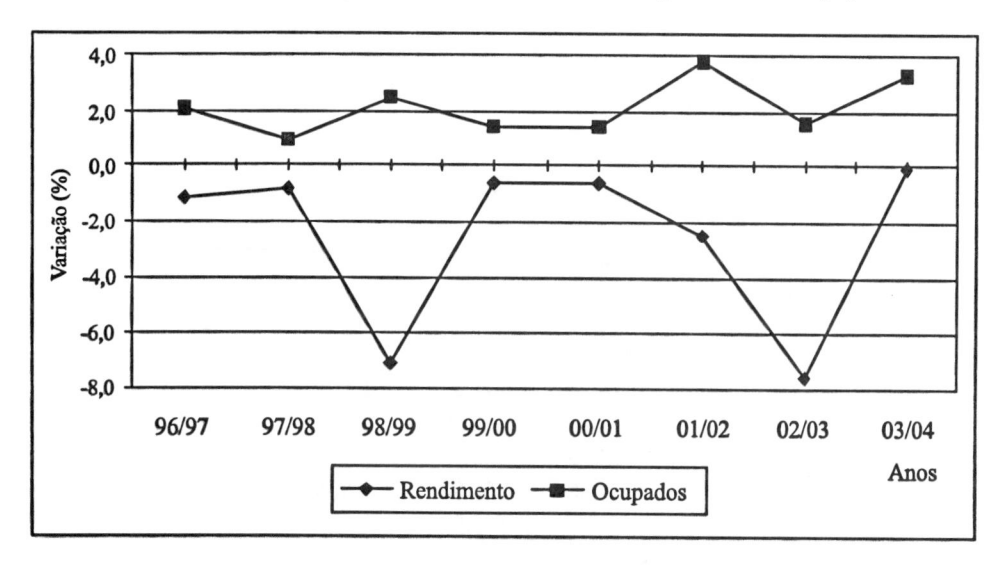

No entanto, informações desagregadas por faixas de rendimento dão conta de evoluções diferenciadas, que beneficiam relativamente os trabalhadores que recebem em torno do salário mínimo, o que acaba por se rebater sobre os trabalhadores com pouca qualificação em geral (ver Tabela 2). Neste sentido, a evolução do rendimento não reflete diretamente vantagens e desvantagens no mercado de trabalho de um dado perfil de trabalhador. Enquanto a evolução desfavorável da ocupação pressionava para baixo os rendimentos do trabalho em geral, aqueles trabalhadores com rendimento no segundo, terceiro e quarto décimos da distribuição tiveram a proteção efetiva da política de valorização do salário mínimo. A conjugação dos dois fenômenos — queda do rendimento em geral, mas perda amortecida na base — resultou em melhorias distributivas que, embora já viessem ocorrendo no período anterior, tiveram continuidade de 1996 a 2004: o índice de Gini relativo ao rendimento do trabalho declinou continuamente, passando de 0,580 em 1996 para 0,547 em 2004.

TABELA 2

EVOLUÇÃO REAL DO SALÁRIO MÍNIMO E DO RENDIMENTO MÉDIO DOS OCUPADOS, TOTAL E POR DÉCIMOS DA DISTRIBUIÇÃO — 1996-2004

PREÇOS DE SETEMBRO DE 2004

Rendimento médio total, e décimos de distribuição e salário mínimo	Rendimento (R$)			Variação (%)	
	1996	1998	2004	1996/98	1996/2004
Até 10	94,78	92,99	76,00	−1,88	−19,81
Mais de 10 a 20	189,55	192,63	180,00	1,62	−5,04
Salário mínimo	200,28	215,88	260,00	7,79	29,82
Mais de 20 a 30	228,89	232,48	258,00	1,57	12,72
Mais de 30 a 40	314,73	315,51	291,00	0,25	−7,54
Mais de 40 a 50	404,14	410,17	367,00	1,49	−9,19
Mais de 50 a 60	516,80	511,47	448,00	−1,03	−13,31
Mais de 60 a 70	674,16	662,58	552,00	−1,72	−18,12
Rendimento médio total	903,05	885,10	733,00	−1,99	−18,83
Mais de 70 a 80	929,88	905,03	747,00	−2,67	−19,67
Mais de 80 a 90	1.455,61	1.416,50	1.145,00	−2,69	−21,34
Mais de 90 a 100	4.230,93	4.118,30	3.266,00	−2,66	−22,81

FONTE: IBGE/Pnad.

MUDANÇAS NA ESTRUTURA DA OCUPAÇÃO

O objetivo desta seção é de, examinando os períodos mais recentes em que ocorreu expansão da ocupação — 2001-2002 e 2003-2004 — verificar como esta expansão afeta a estrutura de ocupação, seja em termos dos tipos de postos de trabalho criados, seja do perfil dos trabalhadores envolvidos.

Mudanças estruturais do mercado de trabalho brasileiro são bem conhecidas. Delas são exemplos o aumento de escolaridade da mão-de-obra ocupada, a expansão mais forte da ocupação urbana, que tanto tem a ver com a urbanização como com a modernização, e ganhos de produtividade no setor agrícola, que se rebatem, inclusive, sobre a ocupação não-agrícola em áreas rurais. Na ocupação urbana têm espaço crescente, como esperado, as atividades terciárias: seja pela incorporação de trabalhadores de baixa produtividade (em períodos de crise, sobretudo), seja pela expansão dos serviços modernos (especialmente nos períodos de crescimento da economia). São também estruturais a taxa de participação feminina crescente, o declínio da masculina, além da redução do trabalho precoce.

A desvalorização de 1999 pode ser vista como o ponto de inflexão de uma tendência que se tinha por estrutural, já que vinha se mantendo de forma sustentada: o desassalariamento. De fato, o que se observa após 1999 é a recuperação do emprego assalariado. Ela ocorre em conseqüência da queda do nível de informalidade do mercado de trabalho, já que se reduz a participação na ocupação total de categorias caracterizadamente informais, tais como os não-remunerados e os trabalhadores que se dedicam exclusivamente à produção para autoconsumo e à autoconstrução. No entanto, como revelam as informações para o período 1999-2004, o assalariamento e a informalização, definida como sua contrapartida, não foram fenômenos ligados aos dois períodos de retomada da ocupação, mas revelam tendência sustentada desde 1999 (Tabela 3).

Abstraindo as tendências de longo prazo, assim como a reversão do processo de desassalariamento que se define a partir da desvalorização cambial, a análise comparativa das características do mercado de trabalho em 2001-2002 e de 2003-2004 não permitiu identificar traços comuns que estariam associados a mudanças na estrutura da ocupação sob condições de sua expansão. Uma exceção conhecida é o aspecto pró-cíclico da ocupação feminina.[10]

---

[10]Embora a taxa de crescimento feminina seja sempre superior à masculina, ela cresce de forma ainda mais acentuada nos períodos de expansão. Assim, enquanto de 2002 para 2003 a taxa de expansão da ocupação feminina foi de 1,85% e a masculina de 1,3%, de 2003 para 2004 elas foram de respectivamente 4,55% e 2,43%.

TABELA 3

EVOLUÇÃO DA PARTICIPAÇÃO DAS PESSOAS OCUPADAS (%),
SEGUNDO POSIÇÃO NA OCUPAÇÃO, E TAXA DE ASSALARIAMENTO
(%) — 1999-2004

Posição na ocupação	1999	2001	2002	2003	2004
Empregados	51,38	54,26	54,26	54,39	55,87
C/ carteira assinada	34,06	35,86	35,74	36,53	37,54
S/ carteira assinada	17,31	18,39	18,52	17,86	18,33
Trabalhadores domésticos	7,45	7,81	7,74	7,68	7,75
Domésticos c/ carteira	1,87	2,04	2,00	2,08	2,01
Domésticos s/ carteira assinada	5,58	5,77	5,74	5,60	5,74
Conta-própria	23,18	22,30	22,25	22,34	21,75
Empregadores	4,08	4,22	4,24	4,20	4,14
Não-remunerados	9,28	7,39	7,35	7,07	6,53
Trabalhadores autoconsumo	4,47	3,82	3,96	4,18	3,84
Trabalhadores autoconstrução	0,16	0,20	0,19	0,15	0,12
Taxa de assalariamento 1*	*51,38*	*54,26*	*54,26*	*54,39*	*55,87*
Taxa de assalariamento 2**	*53,24*	*56,30*	*56,26*	*56,47*	*57,88*

*Empregados em relação ao total de ocupados.
**Empregados e trabalhadores domésticos com carteira assinada em relação ao total de ocupados.

FONTE: IBGE/Pnad.

A este respeito é importante observar que o impacto diferenciado do efeito dos ciclos sobre o nível de atividade, mais acentuado nas regiões desenvolvidas e amortecido no Nordeste, não ocorre quando se trata da retomada da ocupação (ver Tabela 4). Devido ao peso excepcional que a ocupação agrícola familiar de subsistência ou quase subsistência tem no Nordeste, fatores que afetam o desempenho deste setor têm um efeito ponderável sobre a ocupação na região, já que a ocupação rural representa cerca de um 1/3 da ocupação nordestina. Assim, em 2001-2002, o crescimento da ocupação no Nordeste foi mais elevado que o do país como um todo. Em 2003-2004, ocorreu o inverso, o que chegou a resultar em declínio da ocupação na área rural nordestina. Cabe observar ainda que, ao desempenho favorável do PIB agrícola brasileiro no período 2002-2004 — média anual de 5,2% —, não correspondeu ao dinamismo da ocupação em área rural vista de forma agregada. Isto indica, naturalmente, ganhos de produtividade e declínio da relação trabalho/produto do setor.

No entanto, as oscilações regionais são evidentes e, como no caso do Nordeste, respondem a determinantes locais.

TABELA 4

EVOLUÇÃO DA OCUPAÇÃO POR REGIÃO E ESTRATO NOS PERÍODOS DE EXPANSÃO DA OCUPAÇÃO — 2001-2004

Regiões e estratos	Ocupados* 2001	2002	Δ% 2001/02	Ocupados* 2003	Δ% 2002/03	Ocupados* 2004	Δ% 2003/04
Norte **	3.774	4.018	6,48	4.244	5,61	4.518	6,47
Nordeste	20.693	21.515	3,97	21.871	1,65	22.414	2,48
Urbano	13.410	14.083	5,02	14.400	2,25	14.976	3,99
Rural	7.140	7.432	4,08	7.471	0,52	7.438	−0,44
Sudeste	32.933	34.072	3,46	34.451	1,11	35.490	3,02
Urbano	29.389	30.873	5,05	31.304	1,40	32.305	3,20
Rural	3.264	3.199	−1,97	3.147	−1,62	3.185	1,20
Sul	12.970	13.426	3,52	13.646	1,64	14.113	3,42
Urbano	9.896	10.343	4,51	10.553	2,03	11.026	4,48
Rural	2.977	3.083	3,57	3.093	0,32	3.087	−0,20
Centro-oeste	5.577	5.777	3,59	5.796	0,33	6.140	5,93
Urbano	4.649	4.911	5,63	4.881	−0,61	5.168	5,88
Rural	861	866	0,58	915	5,65	972	6,22
Brasil	**76.098**	**78.959**	**3,76**	**80.163**	**1,53**	**82.817**	**3,31**
Urbano	**61.038**	**64.199**	**5,18**	**65.342**	**1,78**	**67.931**	**3,96**
Rural	**14.420**	**14.760**	**2,36**	**14.822**	**0,42**	**14.886**	**0,43**

*Em mil.
**Exclusive áreas rurais de Rondônia, Acre, Amazonas, Roraima, Pará e Amapá.

FONTE: IBGE/Pnad.

Na distribuição da ocupação por setor de atividade é sintomática a não-regularidade de padrão nos momentos de expansão da ocupação (Tabela 5). Em 2001-2002, os setores líderes da expansão da ocupação foram *construção* e *comércio e reparação*, enquanto em 2003-2004, este papel coube de forma inconteste à *indústria de transformação*: com crescimento da sua ocupação de 6,8%, foi responsável diretamente por 738 mil postos de trabalho ou cerca de 1/4 das ocupações criadas.[11]

---

[11]Cabe lembrar que em 1998-1999, quando a ocupação apresentou um crescimento de 2,45%, esta expansão foi induzida por outros setores, essencialmente pela agropecuária e pelo terciário em geral.

Note-se que em 1999 a participação da indústria de transformação no total da ocupação tinha atingido o seu mínimo — 13%, bem abaixo do nível máximo de 15,8% que tinha alcançado em 1989 (Pochman, 2006). Ao longo dos anos 1990 a ocupação industrial recuou sistematicamente como resultado da abertura econômica, da conseqüente perda de competitividade, e do esforço de reestruturação produtiva, o que implicou forte "enxugamento" de mão-de-obra. A reversão ocorre entre 1999-2001, quando a taxa de expansão anualizada chega a 4,3%, mais de três vezes taxa de crescimento global da ocupação — reconhecidamente fraca, aliás —, que se verifica no país no mesmo período (+1,4%).[12] Este excelente desempenho da ocupação do setor entre 1999 e 2001 (mais 900 mil postos trabalho) pode ser associado ao crescimento excepcional do número de trabalhadores com mais de 11 anos de escolaridade: foram criados 2,1 milhões de postos de trabalho, mais 3,5 milhões de postos para trabalhadores com 11 anos e mais de escolaridade, o que reflete uma mudança significativa da composição dos ocupados. A partir de 1999 a expansão da ocupação industrial é, em geral, mais elevada que a da ocupação total, de modo que a participação da indústria cresce de forma sustentada para atingir 14,0% em 2004. Dadas as características da ocupação da indústria de transformação, pode-se afirmar que a expansão do setor certamente contribuiu para a reversão da tendência de desassalariamento a partir de 1999. Ao que tudo indica, o enxugamento do setor se completou, fazendo com que a elasticidade de emprego se situe num novo patamar. Neste sentido, daqui em diante, o crescimento do produto do setor deve resultar em aumento mais modesto, porém mais seguro, da ocupação industrial.

Quanto aos demais setores, o que se observa são comportamentos diferenciados ao longo do período. Eles refletem respostas específicas de cada um deles às peculiaridades conjunturais e às características do desempenho da economia ao longo dos diferentes anos. Assim, o setor agrícola, que, em 2004, ainda era responsável por 20% da ocupação no Brasil, exibiu um comportamento fortemente oscilante em todo o período, mas também quando se

---

[12]Trata-se de taxas médias anualizadas, porque se consideraram as informações de 2001, já que as de 2000 não são disponíveis.

TABELA 5

PARTICIPAÇÃO NA OCUPAÇÃO EM 1999 E 2004 E
TAXA DE CRESCIMENTO DOS OCUPADOS POR
SETOR DE ATIVIDADE, 1999-2004

Setor de atividade	Part. (%)	Variação anual (%)				Part. (%)
	1999	1999/01	2001/02	2002/03	2003/04	2004
Agrícola	24,44	-6,10	2,26	1,79	-0,54	19,90
Indústria de transformação	12,96	4,26	2,42	1,87	6,79	14,03
Construção	7,02	0,35	7,34	-7,06	1,50	6,40
Comércio e reparação	16,12	4,06	4,93	4,89	2,36	17,57
Serviços	32,56	3,80	3,31	0,37	5,05	34,14
Outros	6,90	5,23	6,53	5,78	3,63	7,97
Total	**100**	**1,43**	**3,76**	**1,53**	**3,31**	**100**

FONTE: IBGE/Pnad.

consideram somente os anos de retomada da ocupação total. Em 1998-1999 teve uma evolução relativamente favorável (6,3%),[13] mas francamente adversa em 1999-2001 (–6,1%). Em 2001-2002 ficou de novo acima da média, mas houve, em 2003-2004, um pequeno declínio do pessoal ocupado na agricultura (–0,54%), apesar do excelente desempenho do produto setorial (Tabela 6). A este respeito é interessante comparar a evolução da ocupação com a evolução do PIB setorial. Tendo em vista os quatro anos consecutivos de crescimento elevado da agricultura, é evidente que o setor não está criando postos de trabalho diretos.

TABELA 6

TAXA DE CRESCIMENTO DA OCUPAÇÃO E DO PIB
AGRÍCOLA (%) — 1998-2004

	1998/99	1999/2000	2000/01	2001/02	2002/03	2003/04
PIB	8,33	2,15	5,76	8,54	4,49	5,29
Ocupados	6,33	-6,10	-6,10	2,26	1,79	-0,54

NOTA: Taxa 1999/2000 e 2000/2001 anualizada a partir do resultado 1999-2001 (–13,4%).

FONTE: IBGE/Pnad.

---

[13] Aliás, foi justamente a agropecuária um dos setores que "puxou" a expansão da ocupação de 1998 1999.

Já na construção, outro setor importante em termos da participação na ocupação, ocorre fenômeno bem diverso. No período, seu desempenho produtivo se mostrou desfavorável, no que foi acompanhado pelo da ocupação, mas com oscilações notáveis, a ponto de merecer destaque como geradora de empregos de 2001-2002 (385 mil postos de trabalho adicionais). O forte declínio do PIB setorial tanto em 2003 como em 2004, preocupante por si só, teve efeitos bem diferentes sobre a ocupação (–7,06% e +1,50%, respectivamente), o que pode refletir a participação variável, em cada ano, de sub-setores com coeficientes de mão-de-obra muito diferenciados, como construção pesada ou de pequeno porte (Tabela 7).

A análise no perfil da ocupação no período 1996-2004 revela que, no conjunto de mudanças ocorridas tanto ao longo do período, como aquelas verificadas durante as conjunturas de expansão mais recentes, nada se compara em intensidade e em importância àquelas relacionadas ao aumento da qualificação da mão-de-obra ocupada. Pois, embora a substituição de trabalhadores com menos de oito anos de estudo por aqueles com mais de oito anos seja uma tendência que já ocorria desde o Plano Real, ao longo desse período, o processo se intensifica rapidamente (Tabela 8).

TABELA 7

TAXA DE CRESCIMENTO DA OCUPAÇÃO E DO PIB DA CONSTRUÇÃO (%) — 1998-2004

	1998/99	1999/2000	2000/01	2001/02	2002/03	2003/04
PIB	–3,67	2,62	–2,66	–1,85	–5,20	–5,68
Ocupados	–4,76	0,35	0,35	7,34	–7,06	1,50

Taxa de crescimento da ocupação em 2000 e 2001anualizada a partir da evolução ocorrida entre 1999 e 2001.

FONTE: IBGE/Pnad.

Assim, enquanto de início havia algum espaço para o aumento do contingente dos trabalhadores de quatro a sete anos de escolaridade nos períodos de expansão da ocupação, a taxa de crescimento deste contingente se torna progressivamente mais modesta até se tornar negativa — mesmo frente a uma retomada forte como a de 2003-2004. Fica claro, portanto, que estes trabalhadores estão definitivamente excluídos do mercado de trabalho no Brasil.

TABELA 8

TAXA DE CRESCIMENTO ANUAL DOS OCUPADOS,
SEGUNDO ANOS DE ESTUDO (%) — 1996-2004

Grupos de anos de estudo	1996/97	1997/98	1998/99	1999/2001	2001/02	2002/03	2003/04
Menos de 8 anos	1,26	-2,31	0,58	-2,80	0,33	-2,73	-1,07
Sem instrução e menos de 4 anos	1,41	-3,29	-0,94	-4,48	-2,36	-4,26	-2,35
4 a 7 anos	1,11	-1,35	2,03	-1,26	2,67	-1,47	-0,05
Mais de 8 anos	3,43	6,20	5,27	7,31	7,91	6,54	7,92
8 a 10 anos	-0,70	5,43	5,10	4,26	3,33	4,67	6,02
11 anos ou mais	6,15	6,67	5,37	9,13	10,45	7,51	8,89
Total	2,08	0,91	2,45	1,43	3,76	1,53	3,31

FONTE: IBGE/Pnad.

Como contrapartida a uma expansão vigorosa da ocupação dos trabalhadores com mais de 11 anos de escolaridade, a ocupação daqueles com 8 a 10 anos evolui muito mais modestamente. Este fenômeno é especialmente marcante entre 1999-2001: tudo indica que o crescimento robusto do PIB industrial, abortado em seguida pela crise de energia, levou a uma transformação radical da ocupação em favor dos mais qualificados. Assim, na conjuntura adversa de 2001, os mais qualificados mantiveram seus empregos, em detrimento dos demais:[14] é sintomático que entre 1999-2001 os postos de trabalho criados tenham se destinado preponderantemente aos trabalhadores com mais de 11 anos de escolaridade, o que, obviamente, significa uma drástica mudança na composição da mão-de-obra por anos de estudo em detrimento dos trabalhadores menos qualificados. A partir de então, embora acompanhando a conjuntura, a substituição prossegue, de modo que, ao final do período, os trabalhadores com mais de 11 anos de escolaridade já representavam mais de um terço dos ocupados, um avanço notável em relação a 1999, quando eles correspondiam a menos de um quarto (Gráfico 2).

---

[14] Vale lembrar que os dados da Pnad não permitem ver a expansão da ocupação entre 1999-2000 e a queda de 2000-2001, mas o efeito líquido 1999-2001 em termos de composição da ocupação é revelador das transformações ocorridas.

GRÁFICO 2
PARTICIPAÇÃO DOS OCUPADOS POR ANOS DE ESTUDO
(%) — 1996-2004

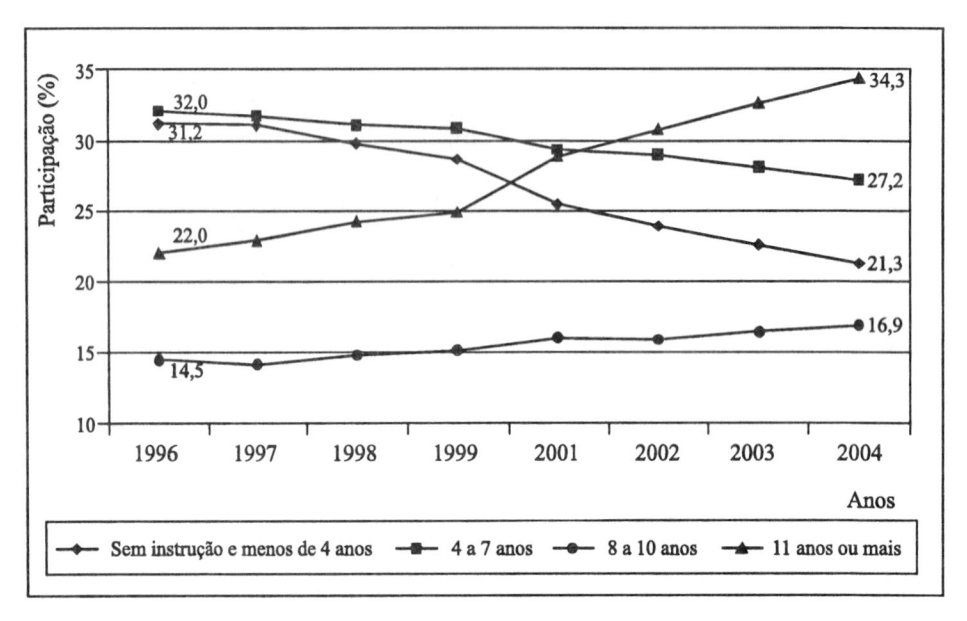

Embora os trabalhadores mais qualificados estejam aumentando rapidamente sua participação no mercado de trabalho, seu rendimento apresenta tendência de declínio mais forte que o dos trabalhadores menos qualificados. Mesmo nos períodos recentes de expansão da ocupação — 2001-2002 e 2003-2004 — os trabalhadores com 8 anos e mais de escolaridade tiveram perdas salariais. E, quando os trabalhadores em todos os níveis de escolaridade tiveram perdas, como na expansão de 2001-2002, os mais qualificados sofreram as perdas mais acentuadas. Além de revelar o declínio, aliás esperado, dos retornos à educação no Brasil, os dados da Tabela 9 mostram que as condições do mercado de trabalho têm sido adversas mesmo para os trabalhadores mais qualificados.

TABELA 9

TAXA DE CRESCIMENTO DO RENDIMENTO REAL DOS OCUPADOS, POR NÍVEL DE ESCOLARIDADE (%) — 1999-2004

Anos de estudo	1999-2001*	Variação anual (%)		
		2001-02	2002-03	2003-04
sem instrução	6,81	–4,15	–4,85	1,84
de 1 a 3 anos	4,59	–3,66	–3,87	0,25
de 4 a 7 anos	–0,38	–3,37	–7,30	1,69
de 8 a 10 anos	–1,90	–7,18	–9,02	–2,99
11 anos ou +	–3,49	–5,69	–11,52	–2,54

*A variação entre 1999 e 2001 foi anualizada.

FONTE: Rocha, a partir de microdados da Pnad.

A análise da estrutura da ocupação em geral e nos dois momentos recentes em que houve evolução favorável evidencia a ausência de padrões que caberia replicar ou emular com vistas a promover a expansão da ocupação, especialmente com melhoria dos postos de trabalho. Existem, porém, dois fatos que merecem destaque. Por um lado, a desvalorização cambial de 1999 e o crescimento econômico que se seguiu, liderado pelo setor industrial, representam um ponto de inflexão para o mercado de trabalho, definindo uma modificação estrutural em termos de qualificação da mão-de-obra e reversão da tendência de desassalariamento. Por outro lado, embora o setor agrícola tenha sido o motor do crescimento do produto nos últimos anos, seus efeitos diretos, em termos de expansão da ocupação, foram nulos. Cabe destacar ainda que, embora em função do assalariamento e, a partir de 2002, de alguma formalização do emprego, possa ser dito que houve uma melhoria dos postos de trabalho, isto certamente deixa de lado a questão central do rendimento: este, apesar das melhorias distributivas, teve uma evolução muito desfavorável no período. Além disso, em 2004, ele não havia ainda iniciado o processo de recuperação da queda que vinha ocorrendo desde 1996.

EXPANSÃO DA OCUPAÇÃO — CAMINHOS POSSÍVEIS EM CONDIÇÕES DE TRANSIÇÃO

BASES CONSENSUAIS PARA A CRIAÇÃO DE POSTOS DE TRABALHO

Com fundamento no que se examinou até aqui, o objetivo desta seção é considerar alguns caminhos para a melhoria das condições de ocupação no país, considerando as possibilidades de criação de novos postos de trabalho, mas também medidas que resultem em ganhos de produtividade e do rendimento dos postos de trabalho já existentes. No entanto, há que se fazer inicialmente duas observações de caráter geral sobre a questão da criação de postos de trabalho.

A primeira se refere ao papel da educação. Sempre que se trata do que fazer para enfrentar os múltiplos problemas do mercado de trabalho brasileiro — que se manifestam em última instância pela expansão insuficiente de postos e/ou baixo nível de remuneração no mercado de trabalho brasileiro —, há consenso quanto à prioridade a ser atribuída à educação. Seria não só condição para viabilizar o crescimento econômico, mas também essencial para resolver o problema crítico que decorre da relação entre desigualdade e pobreza.

A segunda observação diz respeito ao fato de que crescimento econômico e criação de postos de trabalho são variáveis altamente correlacionadas, de modo que tudo o que for feito no sentido de promover o crescimento econômico repercutirá, em maior ou menor proporção, na criação de novos postos de trabalho.

Assim, por um lado, há as iniciativas voltadas diretamente para a implantação de atividades produtivas. A busca de vantagens comparativas locais que tirem partido de uma combinação específica de fatores — locacionais, logísticos, decorrentes de recursos produtivos, de acesso privilegiado a um determinado tipo de matéria-prima, de mercado etc. — está na base das histórias de sucesso na criação de novos pólos produtivos dinâmicos. Casos considerados exemplares, como Caruaru (PE), Toritama (PE), Santa Cruz do Capibaribe (PE) e Pedro II (PI), resultam da confluência feliz de fatores que foram devidamente explorados. Neste sentido, os *arranjos produtivos locais* (APLs) são promissores quando efetivos na organização dos atores locais e no estabelecimento das relações institucionais necessárias para a identificação de oportunidades produtivas e para a implantação de atividades de forma mais adequada a cada situação específica. A rigor, entretanto, na solução encontrada em cada caso, os APLs não são reproduzíveis. O sucesso de Pedro II, ligado à disponibilidade de minerais e ao aproveitamento da mão-de-obra local em artesanato e ourivesaria, é completamente diverso do de Caruaru, que se baseia na combinação turismo/artesanato/cerâmica/comércio atacadista, desenvolvida a partir da tradicional feira local, ou do de Toritama e Santa Cruz do Capibaribe, relacionados à confecção de vestuário de consumo popular, na qual essas cidades tornaram-se pólos nacionais a partir de um núcleo de produção de base familiar.

Neste sentido, os arranjos institucionais facilitadores da busca informada de oportunidades e da implantação planejada de atividades produtivas são desejáveis, na medida em que rompem com a improvisação e o amadorismo, aumentando a chance de sucesso dos novos negócios.[15] Vale lembrar, porém, que os municípios muito pequenos e/ou muito pobres têm possibilidades muito limitadas do ponto de visa técnico, financeiro ou político para empreender iniciativas de desenvolvimento local. O apoio e a colaboração institucionais dos governos estaduais são elementos a considerar numa estratégia nacional de desenvolvimento abrangente: permitiria o aproveitamento mais adequado dos recursos humanos e a criação de postos de trabalho de forma essencialmente dispersa no território, potencializando assim os efeitos positivos sobre o mercado de trabalho de linhas mestras de atuação que sejam definidas em nível nacional.

Por outro lado, o crescimento econômico e a conseqüente criação de postos de trabalho demandam a melhoria do ambiente de negócios. Desse modo, iniciativas no sentido da desburocratização, reforma fiscal e tributária, transparência e segurança institucional e política têm impactos positivos sobre a criação e o crescimento de unidades produtivas, que resultam em expansão da ocupação em geral, e, mais especificamente, em formalização da ocupação.[16]

Há ainda as questões vinculadas ao crédito caro — em particular ao *spread* elevado — que são alguns dos determinantes do baixo volume de crédito no

---

[15] O Serviço Brasileiro de Apoio a Micro e Pequenas Empresas (Sebrae), assim como o Banco Nacional de Desenvolvimento Econômico e Social (BNDES), têm uma atuação de incentivo ao desenvolvimento local nesta linha.
[16] A respeito do ambiente adequado ao crescimento e das restrições fiscais, ver Velloso, 2004.

Brasil, em torno de 30% do PIB.[17] Os agentes financeiros argumentam que o custo do crédito é elevado devido ao risco de inadimplência associado às dificuldades de execução de garantias, o que demanda reformas na legislação.

Há consenso de que o crescimento econômico é necessário e o tipo de crescimento é relevante caso se deseje aumentar o nível de ocupação privilegiando a questão distributiva. No entanto, após os ajustes produtivos realizados e sob condições de introdução rápida e contínua de inovações tecnológicas, pouco se sabe sobre as elasticidades de emprego aplicáveis em relação ao produto sob essas novas condições.[18]

Os tópicos a seguir certamente estão longe de esgotar a questão, mas enfocam aspectos pontuais relativos a iniciativas passíveis de afetar positivamente o nível e a qualidade da ocupação no país.

CRESCIMENTO ECONÔMICO, ELASTICIDADE DO EMPREGO E INVESTIMENTO

Como o crescimento econômico depende de investimento e a taxa de investimento tem sido reconhecidamente baixa no Brasil, não é surpresa o resultado insatisfatório que vem sendo obtido em termos de evolução do PIB no país. É consenso que não é possível ter crescimento do produto superior a 4% ao ano com taxas de investimento inferiores a 25%.

No que concerne ao investimento privado, é comum argumentar-se que regras institucionais claras, desburocratização e estabilidade política são essenciais, assim como boas condições de infra-estrutura básica, que dependem de sua provisão por iniciativa governamental. No que concerne ao investimento público, reverter o seu declínio implica uma séria e difícil reestruturação do gasto governamental, que, no entanto, permitiria, em particular, viabilizar a retomada dos investimentos em infra-estrutura física. As lamentáveis condições da rede de transportes constituem um dos pontos críticos do custo Brasil,

---

[17] Na Organização para a Cooperação e o Desenvolvimento Econômico (OCDE), o crédito representa cerca de 90% do PIB.
[18] Quando, na campanha presidencial de 2002, o então candidato Lula da Silva estabeleceu como meta a criação de 10 milhões de postos de trabalho durante o seu mandato, estimou-se que o crescimento anual do PIB teria de ser de 5% assumindo uma elasticidade emprego/PIB de 0,5. Com elasticidade mais alta, da ordem de 0,58, como estimava Sabóia (2001), bastaria um crescimento do PIB de 4,3% ao ano.

desestimulando o investimento privado. Ademais, o aumento das despesas públicas de investimento e manutenção da infra-estrutura tem o potencial de expandir a demanda por mão-de-obra no setor de construção, com impactos fortes sobre o emprego, inclusive de mão-de-obra de baixa qualificação.

Vale lembrar que a evolução da ocupação no período em estudo mostrou uma alta volatilidade da ocupação na construção que, do ponto de vista macroeconômico, seria importante minimizar, já que pode representar uma variação da ordem de 400 mil empregos anuais a mais, como ocorreu em 2002 (ver Tabela 7).

A implementação de Parcerias Público-Privadas (PPPs), para a realização de obras de infra-estrutura é uma forma viável de aumentar de imediato a capacidade de investimento e a demanda por mão-de-obra no setor de construção, enquanto se der o ajuste, necessariamente gradativo, da estrutura dos gastos públicos.

PRODUÇÃO AGRÍCOLA E DEMANDA POR MÃO-DE-OBRA

A expansão recente e sustentada do produto agrícola (1999-2004) não foi capaz de expandir a ocupação direta na agropecuária: nesse período, enquanto o produto dessa atividade cresceu em média 5,3%, a ocupação declinou em 0,9% ao ano. Tendo em vista os ganhos de produtividade que, apesar de naturalmente bem-vindos, tendem a reduzir a ocupação, e o baixo nível de qualificação de uma parte ponderável da mão-de-obra ocupada na atividade agropecuária, é fundamental conceber mecanismos que garantam a esses trabalhadores melhorias nas condições de inserção no mercado de trabalho, e, mais particularmente, melhores níveis de renda.

Trata-se especificamente de 7,6 milhões de trabalhadores agrícolas não-remunerados e ocupados em produção para autoconsumo,[19] que representavam espantosos 45% da mão-de-obra ocupada na agricultura brasileira em 2004. Esta participação dos não-remunerados no total de ocupados tem se mantido praticamente estável ao longo do tempo, evidenciando uma dicotomia perversa e anacrônica no interior de um setor que se moderniza rapidamente.[20]

---

[19]Respectivamente 4,2 milhões e 3,4 milhões em 2004 (IBGE/Pnad).
[20]Em 1999, a participação de trabalhadores nestas duas posições na ocupação representavam 46% da mão-de-obra agrícola.

Considerando o tamanho deste contingente de trabalhadores, geralmente de baixa qualificação, o objetivo deve ser a inserção produtiva possível no local de residência, explorando eventuais vantagens comparativas locais. A falta de alternativas de geração de renda para os indivíduos subempregados em idade de trabalhar acaba resultando em deslocamentos migratórios em busca de alternativas urbanas ou periurbanas, que implicam custos sociais mais elevados do que os associados a uma solução adequada no local de origem.

Como o Nordeste concentrava quase metade desse contingente de subocupados em 2004 (3,6 milhões), parece promissora a criação de um mercado consumidor para a mamona, que existe endemicamente na região. De fato, a Medida Provisória nº, 214,[21] que obriga, a partir de 2008, a mistura de pelo menos 2% de biodiesel no diesel de petróleo, gera um mercado consumidor de cerca de 1 bilhão de litros/ano para o novo combustível produzido a partir de sementes oleaginosas em geral. O semi-árido nordestino tem mais de 4 milhões de hectares com condições de clima (temperatura, precipitação pluvial, umidade relativa do ar etc.), de solo (bem drenados, boa profundidade etc.) e de altitude (300 a 1.000 m) adequados para o cultivo da mamona.

No caso desse grande bolsão seco nordestino, o plantio e a colheita da oleaginosa pode ser uma opção valiosa para a geração de renda nas pequenas unidades familiares, já que se trata de uma cultura intensiva em mão-de-obra para plantio e colheita, além de viável em pequenas áreas. Embora, aos níveis de produtividade e preço de 2005 — respectivamente 636 kg/ha e R$ 30,3/saca de 60 kg —, a rentabilidade da cultura seja baixa, se houver garantia de compra para a mamona produzida, ela se torna uma alternativa interessante para o pequeno produtor do semi-árido. Isto porque os custos de oportunidade da mão-de-obra e da terra são atualmente muito baixos ou nulos. A esse respeito basta lembrar que o rendimento médio dos ocupados com rendimento no quinto mais baixo no Nordeste era de R$ 47/mês, ou cerca de 18% do valor do salário mínimo então em vigor.[22]

Naturalmente, caso haja aumentos de produtividade pela introdução de sementes melhoradas e devido à assistência técnica, de modo a alinhar a produtividade do Nordeste à do Sudeste (1.167 kg/ha), o retorno do cultivo poderá

---

[21] De 13 de setembro de 2004.
[22] R$ 260,00.

se elevar concomitantemente.²³ As perspectivas parecem boas: além das mini-usinas do Departamento Nacional de Obras Contra as Secas (DNOCS), a Petrobras deverá entrar no mercado como compradora. Existem ainda projetos privados, já em operação, que se mostram rentáveis mesmo aos atuais baixos níveis de produtividade da lavoura, que, no entanto, apresentam tendência de crescimento. Para as empresas que operam no setor de biodiesel, é fundamental ampliar a garantia de oferta de matéria-prima para a produção de óleo.²⁴

A produção da mamona em pequena propriedade para aproveitamento no âmbito do Programa Nacional de Produção e Uso de Biodiesel, que é muito mais geral no seu escopo e objetivo, é um exemplo de como devem ser buscadas, de forma sistemática e prioritária, possibilidades de inserção no mercado de trabalho e de geração de renda, particularmente aquelas passíveis de absorver os contingentes de trabalhadores que, devido às suas características intrínsecas, estão à margem do mercado ou dele tendem a ser excluídos rapidamente.

A CRESCENTE QUALIFICAÇÃO DA MÃO-DE-OBRA OCUPADA

É sabido que, em função do progresso tecnológico e da abertura da economia, o mercado de trabalho vem se especializando, utilizando trabalhadores com mais escolaridade e excluindo os menos qualificados. Embora a melhoria da qualificação do trabalho seja um fenômeno desejável, a velocidade com que ela vem ocorrendo pode vir a agravar a pobreza e a desigualdade de renda.

A aceleração desta tendência na segunda metade da década de 1990 já tinha sido analisada nas regiões metropolitanas,²⁵ quando se evidenciou nelas

---

²³O Ministério da Integração Nacional trabalha com uma perspectiva bem mais favorável, que se baseia na produtividade 2.000 kg/ha, que teria sido atingida em experimentos controlados. Naturalmente, com estes parâmetros, a rentabilidade do cultivo e o impacto do programa para a geração de renda no semi-árido se elevaria muito mais.

²⁴A Brasil Eco-Diesel desenvolve projetos em diversas áreas do semi-árido do Nordeste com modelos diferenciados de produção de mamona, mas sempre envolvendo assistência técnica, fornecimento de insumos, garantia de compra e desenvolvimento comunitário. Aos preços internacionais atuais da soja, o custo da produção da mamona para produção de biodiesel não é competitivo, embora seja rentável. Para as empresas produtoras é estratégico garantir a oferta de mamona, cujo preço não é sujeito às oscilações de preços que caracterizam as *commodities* que podem ser utilizadas como matéria-prima para a produção de biodiesel.

²⁵Rocha, 2000.

não apenas a queda da participação dos trabalhadores com menos de quatro anos de escolaridade dentre os ocupados, mas também a redução do seu número absoluto. Como se viu na seção anterior, o fenômeno não se limita às metrópoles, ocorrendo no país como um todo. E o mercado, sob quaisquer condições de conjuntura, está excluindo os trabalhadores com menos de oito anos de escolaridade, o que corresponde ao ensino fundamental completo. A tendência é no sentido de que o segundo grau completo, isto é, 11 anos de estudo, venha brevemente a se configurar como o nível mínimo de escolaridade aceito pelo mercado formal.

Obviamente, dado o nível médio baixo de escolaridade no Brasil — 6,6 anos de estudo[26] — é inviável empreender a qualificação de todas as pessoas em idade de trabalhar para que se enquadrem neste critério. No entanto, do ponto de vista do mercado de trabalho e do bem-estar social, é razoável considerar como meta o nível mínimo de oito anos de escolaridade para todos os jovens com menos de 25 anos. Hoje, um grande contingente de jovens — 7,2 milhões, ou 26% daqueles com idades entre 18 e 25 anos — tem menos de oito anos de estudo e não freqüenta a escola — o que representa uma enorme desvantagem no mercado de trabalho.[27] Com o passar dos anos, sua situação só tende a se agravar, representando um extraordinário e enorme ônus econômico e social.

No que concerne às crianças com menos de 14 anos, para as quais se universalizou o acesso à escola, é desejável estabelecer como meta a conclusão do segundo grau. Dados os atuais índices de repetência e atraso escolar, isto significa manter uma boa parcela destes jovens na escola muito além da idade de 18 anos, mesmo que a situação de repetência pudesse ser, como num passe de mágica, remediada total e imediatamente.

Garantia de ensino fundamental e médio de qualidade para a população até 25 anos demanda mudanças importantes em todos os aspectos da educação, do funcionamento da escola à formação de professores, do gasto público à prioridade dada à educação pela sociedade em geral. No entanto, este objetivo se justifica, já que reduzir rapidamente o atraso escolar brasileiro é fun-

---

[26]Pnad 2004, referente à população de 10 anos e mais.
[27]Dos 27,2 milhões de jovens de 18 a 25 anos de idade, 8,7 milhões, ou cerca de 1/3 deles, têm menos de oito anos de estudo, o que corresponde a menos do que o ensino fundamental.

damental para o mercado de trabalho e condição *sine qua non* para viabilizar crescimento econômico e harmonia social no país.

MERCADO DE TRABALHO E APOIO AOS JOVENS

É sabido que as transferências de renda focalizadas nos pobres no Brasil têm beneficiado prioritariamente os idosos,[28] seja por que era esta a clientela-alvo dos programas de transferência vitalícia criados na década de 1960, seja porque, ainda hoje, o valor dos benefícios recebidos pelos beneficiários idosos é cerca de três vezes superior ao benefício máximo concedido no âmbito do Bolsa Família. Na verdade, os "novos" programas federais de transferência de renda, implementados desde a segunda metade da década de 1990, causaram uma inflexão na política de transferências no sentido de desviar a foco de sua atenção para as crianças e famílias pobres em geral.

No entanto, os efeitos desses programas sobre os jovens na faixa etária de 15 a 17 anos são muito tímidos, já que eles os atingem apenas marginal e indiretamente por intermédio das famílias. Como é nesta faixa etária que se dá o abandono da escola, principalmente pelos jovens com maior atraso escolar, portanto mais vulneráveis à exclusão,[29] é desejável promover mecanismos de apoio e incentivo à sua qualificação. Em um sistema de assistência social integrada que utiliza como unidade de atenção às famílias, esses jovens devem ser alvo de políticas específicas, devendo ser considerada a concessão, a eles, seja de benefício monetário direto, seja de uma modalidade de "poupança-prêmio" pelo alcance de metas em termos de resultados educacionais (conclusão de séries, desempenhos em concursos de avaliação nacionais, por exemplo).[30]

---

[28]Barros, Mendonça e Santos, 1999.
[29]Enquanto a taxa de escolarização para a faixa etária de 7 a 14 amos atinge 97,2%, ela cai para 82,3% entre 15 e 17 anos (Pnad 2004).
[30]O Bolsa Escola implantado em Brasília incorporava um componente de poupança nestes moldes, o qual, contudo, como o próprio programa, não teve continuidade.

Mercado de trabalho e salário mínimo (SM)

O objetivo mais direto e imediato do salário mínimo é o de elevar o rendimento dos assalariados, protegendo-os em função do excesso de oferta de mão-de-obra com qualificação relativamente baixa. Sabe-se, no entanto, que definir valor adequado para o salário mínimo é uma questão complexa: o seu aumento do salário mínimo pode elevar a taxa de desemprego e de informalização, na medida em que os empregadores não aceitem o incremento no custo do fator trabalho. O valor do salário mínimo ideal, isto é, aquele que permite o maior ganho possível para os trabalhadores sem aumentar o desemprego e a informalização, varia grandemente conforme as condições macroeconômicas.[31] No entanto, já foi demonstrado que o salário mínimo brasileiro se situa em níveis muito baixos,[32] de forma que seu aumento, considerando estritamente os efeitos sobre o mercado de trabalho, poderia trazer ganhos para os trabalhadores que o percebem sem levar a desemprego/informalização como conseqüência.

As informações sobre a evolução dos rendimentos do trabalho na base da sua distribuição parecem indicar que os aumentos reais do salário mínimo — que vêm ocorrendo desde a estabilização monetária, mas se intensificaram a partir de 2000 — tiveram, numa conjuntura muito adversa do mercado de trabalho, o efeito de evitar o declínio do salário médio dos trabalhadores com rendimentos próximos ao valor do mínimo (ver Tabela 2).

No entanto, mesmo em condições macroeconômicas favoráveis, a elevação do salário mínimo para beneficiar os trabalhadores de baixa renda não é um mecanismo de que se possa lançar mão considerando estritamente o mercado de trabalho. De fato, a Constituição de 1988 estabelece o salário mínimo como parâmetro de valor dos benefícios assistenciais de prestação continuada, além de piso mínimo para aposentadorias e pensões. Esta vinculação do mínimo fora do âmbito do mercado de trabalho tem pelo menos duas implicações adversas. A primeira é que condiciona a decisão quanto ao valor do salário mínimo a restrições de política fiscal, devido ao impacto que ele tem sobre

---
[31] Foguel, 1997.
[32] Ver Barros, Cássio e Teles, 2001. É importante lembrar que, considerando o mercado de trabalho, o valor do salário mínimo tem efeitos marginais sobre a redução da pobreza e da desigualdade (Ramos e Reis, 1995).

os dispêndios da previdência social em particular e dos diferentes níveis de governo em geral. A segunda implicação é que se cria um desincentivo evidente à formalização, na medida em que os trabalhadores que percebem valores iguais ou próximos ao mínimo salário mínimo — 47,5 milhões ou 56% dos ocupados recebiam até dois salários mínimos em 2004 — não têm interesse a ser contribuinte da previdência se, ao final de sua vida ativa, vão receber como provento de aposentadoria valor igual ou próximo ao obtido, como benefício assistencial, pelos trabalhadores não-contribuintes.

Neste sentido, apesar das restrições legais, é importante — tanto do ponto de vista do mercado de trabalho quanto do sistema de assistência social em vias de estruturação[33] — que o salário mínimo volte à sua destinação original, isto é, ser um parâmetro apenas para o mercado de trabalho. Isto permitiria maior grau de liberdade para garantir ganhos de rendimento na base da distribuição em condições macroeconômicas favoráveis, além de promover a formalização ao diferenciar aposentadoria do benefício assistencial.

BENEFÍCIOS TRABALHISTAS INDIRETOS E CUSTO DO TRABALHO

Mecanismos como o Fundo de Garantia por Tempo de Serviço (FGTS) e o PIS/Pasep, concebidos originalmente para a proteção do trabalhador num contexto bem específico, tornaram-se ao longo do tempo reconhecidamente anacrônicos e perturbadores do funcionamento do mercado de trabalho. Ao elevar o custo da mão-de-obra para o empregador sem que este custo adicional seja percebido pelo empregado como uma vantagem de valor correspondente, eles desestimulam a criação de postos de trabalho formais. Ademais, estes mecanismos têm desvantagens específicas. O FGTS certamente promove a rotatividade da mão-de-obra, o que desestimula o investimento na qualificação dos trabalhadores pela empresa, isto é, medidas para remediar o baixo nível de escolaridade da mão-de-obra e aumentar sua produtividade de forma independente do sistema formal de ensino. E tanto o FGTS, como o abono salarial associado ao PIS/Pasep são reconhecidamente mal focalizados, só beneficiando marginalmente os trabalhadores que mais necessitam de proteção: aqueles

---

[33]Trata-se do Sistema Único de Assistência Social (Suas).

que se situam na base de distribuição de rendimento.³⁴ Reformas no arcabouço da legislação trabalhista no sentido de eliminar, de forma gradativa e pactuada, esses anacronismos teriam efeitos positivos sobre o nível de ocupação, o grau de formalização e o valor presente do rendimento do trabalho.

FISCALIZAÇÃO PARA PROMOVER A FORMALIZAÇÃO DO MERCADO DE TRABALHO

A participação elevada, na formação do custo do trabalho para os empregadores, de despesas que não beneficiam diretamente os trabalhadores, ou que só venham a beneficiá-los de forma postergada, são, reconhecidamente, um incentivo à informalidade, que é freqüentemente pactuada por atender a interesses tanto do empregado como do empregador.

O vínculo formal de emprego é desejável do ponto de vista da proteção do trabalhador e da viabilização do sistema de previdência. Neste sentido, são necessárias medidas simplificadoras, mencionadas anteriormente (em 4.7), que eliminariam o incentivo a acordos espúrios entre empregador e empregado, reduzindo o custo do trabalho para o primeiro e aumentando o rendimento líquido presente para o segundo. Paralelamente, a ação fiscal do Ministério do Trabalho e Emprego (MTE) tem certamente o potencial de reduzir os arranjos que se dão fora da lei, seja de utilização do trabalho informal, seja de prestadores de serviço que dissimulam a relação empregatícia.

O número de trabalhadores registrados como resultado da fiscalização do MTE tem tido aumentos por impulsos discretos. Na segunda metade da década de 1990, a formalização anual de empregados como conseqüência de fiscalização se situava em torno de 275 mil trabalhadores por ano. Em 2000, novas ênfases e a organização da ação de fiscalização elevaram esta média para 530 mil/ano até 2003. Em 2004, os resultados se situaram num novo patamar — 708 mil.³⁵

Embora estes números sejam tímidos em relação ao total de empregados sem carteira, representando cerca de 5% deste universo em 2004, correspondem a cerca de 40% dos empregos formais criados de 2003 para 2004. Ademais,

---

³⁴Barros, Cássio e Teles, 2001.
³⁵Em 2005, 746 mil e em 2006 337 mil (até junho).

não cabe olhar apenas para estes números como sendo o efeito único da fiscalização. Se as ações de fiscalização forem permanentes e de cobertura abrangente, de modo que a probabilidade de autuação represente um ônus ponderável para os empregadores, elas terão o efeito de reduzir efetivamente a informalidade, com resultados positivos sobre a qualidade do emprego.

SITUAÇÃO ATUAL E PERSPECTIVAS

As evidências analisadas neste texto referem-se ao período até setembro de 2004.[36] A partir de então, é possível apenas acompanhar o comportamento do mercado de trabalho a partir das informações relativas a seis regiões metropolitanas, obtidas pela PME. Pelas características das metrópoles como pontos de concentração e irradiação da atividade econômica, estes dados conjunturais são freqüentemente usados para detectar propensões incipientes que tendem a se generalizar pelo resto do país.

Neste sentido é interessante observar o que acontece com a ocupação e o rendimento a partir de setembro de 2004, considerando dois períodos de 12 meses. O primeiro, que corresponde àquele de setembro 2004 a setembro de 2005, coberto pela próxima pesquisa anual a ser divulgada, a Pnad-2005. O segundo, relativo ao período mais recente de 12 meses para o qual dados da PME estão hoje disponíveis (Tabela 10).[37]

No primeiro período, a retomada da ocupação, que já vinha sendo observada com dados da Pnad 2003/2004, se mantém, crescendo ao ritmo de 2,27% em 12 meses. O processo é liderado pela metrópole de São Paulo (3,45%), seguida por Belo Horizonte (3,20%) e Salvador (3,12%). Como o rendimento médio para o conjunto de metrópoles reage muito fracamente (1,96% em média), mas ainda se mantém em queda em São Paulo e Belo Horizonte, a resposta em termos de aumento da PEA é modesta (0,84%), em particular muito aquém do crescimento da população de 10 anos e mais (2,19%). Não há, portanto, pressão de oferta de trabalho, o que permite reduzir a taxa de desemprego.

---

[36] A Pnad 2004 foi divulgada em novembro de 2005.
[37] No momento em que este artigo está sendo escrito (agosto de 2006), os dados de pessoal ocupado estão disponíveis até junho de 2006 e os de rendimento, até maio.

No período de 12 meses mais recente, que se superpõe em parte ao anterior, há redução da taxa de crescimento da ocupação — 1,55% — o que se vincula à perda de dinamismo das metrópoles de São Paulo e Salvador. No entanto, a PEA reagiu de forma defasada ao aumento da ocupação no período anterior (2,74%), o que resultou em aumento da taxa de desemprego. Em contrapartida, o rendimento finalmente aumentou de forma generalizada (6,94%), mesmo no Rio de Janeiro e em São Paulo, onde o número de pessoas ocupadas ficou quase estagnado.

TABELA 10
EVOLUÇÃO RECENTE DE VARIÁVEIS BÁSICAS DO MERCADO DE TRABALHO — REGIÕES METROPOLITANAS*
VARIAÇÃO (%)

Período	Ocupados	PEA	PIT	Rendimento
Set 04/Set 2005	2,27	0,84	2,19	1,96
Jun 05/Jun 2006 **	1,55	2,74	2,03	6,94

*Seis regiões metropolitanas: Recife, Salvador, Belo Horizonte, Rio de Janeiro, São Paulo e Porto Alegre.
**A variação do rendimento se refere a maio 2005/maio 2006.

FONTE: IBGE/PME.

Caso não haja mudanças bruscas e o crescimento do PIB se situe no nível previsto para este ano (em torno de 4%), é provável que o movimento observado nas regiões metropolitanas possa vir a se generalizar no resto do país. Isto significaria que a expansão da ocupação se mantém em 2004-2005 e depois perde fôlego, enquanto o rendimento se recupera por mais tempo, para depois voltar a acompanhar a evolução dos preços em geral. A manter-se o crescimento do PIB entre 3% e 4%, não há espaço para aumentos robustos da ocupação e do rendimento.

Em particular, não haverá espaço para recuperar os prejuízos devidos ao desempenho geralmente pífio do mercado de trabalho no período pós-Plano Real. Na verdade, assumir que a absorção do contingente de trabalhadores que corresponde ao crescimento anual da PEA — 2,7% ao ano entre 2001/2004 ou 2,4 milhões de pessoas[38] — representa uma meta adequada em termos de criação de postos

---

[38]Considerou-se o crescimento médio da PEA de 2001 a 2004 em conjunção com uma PEA de 90 milhões (a PEA em 2004 foi de 91 milhões).

de trabalho, é subestimar o tamanho do problema. Isto porque, além dos entrantes no mercado de trabalho, cujo número varia conforme as condições conjunturais, tendo reconhecidamente um comportamento pró-cíclico, existe um enorme contingente de ocupados em condição de subemprego que deveria, de alguma maneira, ser considerado. Trata-se, minimamente, dos ocupados não-remunerados, que correspondem a 5,9 milhões de trabalhadores em todo o país (2004). Nas regiões metropolitanas, a PME dá conta de um grande número de inativos — 2,7 milhões — que se retiraram do mercado de trabalho devido às condições adversas.[39] Há ainda entre os ocupados contingentes de subocupados que trabalham menos horas que desejariam (1,0 milhão de ocupados) ou recebem menos que o salário mínimo por hora trabalhada (3,72 milhões de ocupados).[40]

É evidente que, para a absorção dos jovens que ingressam no mercado de trabalho e de alguma incorporação dos passivos existentes — que, aliás, ao aumentar a oferta de mão-de-obra, tendem a pressionar os rendimentos do trabalho para baixo —, é necessário um crescimento econômico muito mais robusto do que a média anual de 2,16% obtida desde 1996.

Aliás, o período desde 1996, ou o subperíodo mais recente, em função de suas atipicidades e descontinuidades quanto ao crescimento do produto, fornecem uma base frágil para a estimação do nível provável da elasticidade do emprego ao PIB em caso de crescimento sustentado deste último. Na verdade, o crescimento da ocupação em relação ao PIB entre 1996-2004 foi relativamente forte, o que pode ser entendido como um resultado do "inchamento" da ocupação, já que ela se deu em condições de crescimento baixo e rendimentos decrescentes do trabalho.

Daqui para frente, a transição demográfica e a redução nas taxas de crescimento da PEA vão permitir reduzir a pressão de oferta de mão-de-obra ligada à componente demográfica. O crescimento anual da PEA até 2010 seria da ordem de 1,0177%, o que significaria uma necessidade, no início do período, da criação de 1,54 milhão de postos de trabalho para absorvê-lo.[41] No entanto, com a retomada do crescimento há normalmente um contingente de inativos que volta ao mercado de trabalho. Ademais, existe um enorme contingente de subocupados

---

[39] Dos 17,1 milhões de inativos, 16% gostariam de trabalhar e estavam disponíveis para o trabalho na data da pesquisa (IBGE/PME, junho de 2006).
[40] IBGE/PME, junho de 2006.
[41] Estimativa de crescimento da PEA elaboradas pelo Ipea (2006). Para estudo sobre os determinantes demográficos do mercado de trabalho brasileiro até 2020, cf. Albuquerque (1997).

— 5,4 milhões não-remunerados e 3,3 milhões ocupados em atividade de autoconsumo — que é desejável incorporar paulatinamente ao mercado em melhores condições. Uma meta de absorver apenas 50% dos não-remunerados em cinco anos implicaria prover, no primeiro ano, um adicional de 540 mil postos de trabalho, ou elevar a meta de criação de empregos para 2,08 milhões no primeiro ano. Considerando, realisticamente, uma elasticidade do emprego em relação ao PIB de 0,5, seria necessário um crescimento econômico da ordem de 4,6% a.a. para absorver este contingente de mão-de-obra. Se a meta for mais ambiciosa, isto é, incorporar nos próximos cinco anos 50% dos subocupados como especificado acima, isto demandaria um crescimento anual do PIB da ordem de 5,7%. A Tabela 11 apresenta também os resultados com base na elasticidade de 0,6.

TABELA 11
CRIAÇÃO DE POSTOS DE TRABALHO E CRESCIMENTO DO PIB — SIMULAÇÃO DO PRIMEIRO ANO (BASE 2004)

Possibilidades simuladas	Δ% Mão-de-obra	N. postos (mil)	% PIB necessário $\Sigma = 0,5$	$\Sigma = 0,6$
Δ PEA	1,02	1540	2,04	1,70
Δ PEA + 50% dos ocupados não-remunerados	2,28	2080	4,56	3,80
Δ PEA + 50% ocupados não-remunerados + ocupados em prod. para autoconsumo	2,52	2295	5,04	4,20
Δ PEA Média Anual 2001-2004	2,73	2491	5,46	4,55

FONTE: IBGE/Pnad 2004.

Esta estimativa dá uma ordem de grandeza do desafio, mas sem tocar em possíveis percalços. Frente ao crescimento sustentado desta ordem, haveria oferta adequada de mão-de-obra em termos de qualificação? Pontos de estrangulamento em relação à disponibilidade de trabalho qualificado, além de ser um obstáculo à sustentabilidade do crescimento, certamente fariam reverter a tendência de redução da desigualdade de renda conquistada nos últimos anos. Como se sabe, a redução da desigualdade do rendimento do trabalho foi responsável por 73% da queda da desigualdade no período 1995-2004 (Soares, 2006).[42]

---

[42]Renda domiciliar *per capita*.

Simplistamente, existem dois caminhos possíveis. No primeiro, as melhorias educacionais já realizadas e em curso seriam capazes de atender à demanda de mercado por mão-de-obra sem reverter os ganhos em termos de desigualdade. No segundo, pontos de estrangulamento levariam a um prêmio pelos trabalhadores qualificados, aumentando a desigualdade de rendimento.

CONCLUSÃO

Este texto analisou a evolução da ocupação desde 1996, o que permitiu demonstrar que não só a ocupação teve desempenho fraco, coerente com o comportamento do produto, como o resultado agregado para o país encobre desequilíbrios de toda a ordem, mesmo nos períodos de expansão da ocupação. A esse respeito, cabe destacar alguns pontos.

a) As tendências estruturais são robustas e bem conhecidas: crescimento da ocupação urbana, terciarização, feminização, redução do trabalho precoce e aumento da escolaridade da mão-de-obra. Em função desta última tendência, não há mais criação líquida de postos de trabalho para aqueles com menos de oito anos de escolaridade, o que tem importantes implicações socioeconômicas.
b) O ano de 1999 representou um ponto de inflexão ao reverter o desassalariamento, a informalização, e a desindustrialização, que, em certo momento, foram consideradas por muitos como tendências irreversíveis.
c) Expansões relativamente fortes da ocupação, como as ocorridas em 2001-2002 e 2003-2004, não apresentam pontos em comum, em particular, não estão associadas a um setor ou região líder. A indústria de transformação, a construção e o terciário tiveram papéis importantes, mas sem regularidade. O excelente desempenho da agropecuária de 2000-2004 não teve impacto significativo sobre a ocupação na atividade, nem foi capaz de reverter tendências mais gerais.

As evidências empíricas recentes indicam que, para atender ao objetivo de criação de postos de trabalho, há que se conferir elevada prioridade a iniciativas que conduzam ao crescimento econômico de maneira geral e todo um conjunto de medidas voltadas especificamente para o mercado de trabalho.

No primeiro caso, além das estratégias nacionais de promoção do crescimento econômico, que envolvem aspectos jurídico-institucionais, deve-se buscar, generalizada e sistematicamente, o aproveitamento de vantagens comparativas locais, de forma disseminada por todo o país, com o objetivo de aumentar e melhorar os níveis e padrões de ocupação. Tanto podem ser soluções locais que se integrem a estratégias nacionais — a produção de mamona no semi-árido no Nordeste, por exemplo — como iniciativas locais independentes de identificação e implementação de oportunidades de negócios em bases viáveis — como preconiza o modelo dos APLs.

Há que considerar ainda a recuperação da taxa de investimento e estabelecer planos plurianuais de forma a evitar oscilações da atividade setorial, como vem ocorrendo com o setor de construção. Arranjos institucionais, como as PPPs, podem representar uma saída viável para a escassez de poupança pública no médio prazo. Para absorver a expansão da PEA e, no médio prazo, atender ao enorme contingente de subocupados/subremunerados, é essencial garantir crescimento econômico sustentado em torno de 6% ao ano.

No segundo caso, trata-se de centrar os esforços em iniciativas que afetem direta e positivamente o mercado de trabalho.

Do lado da oferta de mão-de-obra, as principais medidas são aquelas voltadas para melhoria da qualificação, que passa necessariamente pela democratização da educação de qualidade. O foco principal são os jovens até 25 anos, estejam eles na escola ou não, tendo como meta garantir o mínimo de oito anos de escolaridade para todos, e o segundo grau para o maior número possível deles. Incentivos monetários diretos e outros mecanismos, como o de poupança-prêmio, devem ser considerados.

Ainda no que concerne ao mercado de trabalho, há toda uma ampla gama de melhorias desejáveis, seja em relação ao salário-mínimo como parâmetro exclusivo dele, seja com vistas a mudanças afetando o custo da mão-de-obra e o nível de formalização (que envolvem o FGTS e o PIS/Pasep, por exemplo), seja, ainda, no tocante a questões institucionais mais gerais, como a fiscalização por parte do MTE.

Estas mudanças demandam vontade política e mobilização da sociedade em torno do objetivo de crescimento com justiça social. Construção de consensos, planejamento e continuidade de políticas em um ambiente institucional e politicamente estável são condições básicas para enfrentar as questões vinculadas de crescimento econômico e expansão do emprego.

REFERÊNCIAS BIBLIOGRÁFICAS

ALBUQUERQUE, Roberto Cavalcanti de. "Determinantes demográficos do mercado de trabalho no Brasil", *in* VELLOSO, J. P. dos Reis (coord.), *Brasil: desafios de um país em transformação*. Rio de Janeiro: José Olympio, 1997, p. 345-56.

BARROS, R. P., MENDONÇA, R., SANTOS, D. "Incidência e natureza da pobreza entre idosos no Brasil", *in* CAMARANO, A. A., *Muito além dos 60*. Rio de Janeiro: Ipea, 1999.

——, CÁSSIO, M. B., TELES, J. T. "A eficácia das políticas de trabalho e renda no combate à pobreza", *in* VELLOSO, J. P. dos Reis e ALBUQUERQUE, R. C. de (coords.) *Soluções para a questão do emprego*. Rio de Janeiro: Ed. José Olympio, 2001.

FOGUEL, Miguel. *Uma análise dos efeitos do salário mínimo sobre o mercado de trabalho no Brasil*. Rio de Janeiro: 1997.

IBGE, *Pesquisa Nacional por Amostra de Domicílios*, diversos anos.

——, *Pesquisa Mensal de Emprego*, diversos anos.

IPEA, *Boletim de Mercado de Trabalho*, diversos números.

——, *Brasil, o estado de uma nação — mercado de trabalho, emprego e informalidade*. Brasília, 2006.

MOURAD, A. L. *Principais culturas para obtenção de óleos vegetais combustíveis no Brasil*. Campinas: Unicamp, 2006.

POCHMAN, Marcio. *Indústria e trabalho. Mitos e realidades*. Brasília: CGEE, 2006.

RAMOS, L. e REIS, J. G. "Salário mínimo, distribuição de renda e pobreza no Brasil", *in Pesquisa e Planejamento Econômico*, 25(1), 1995.

ROCHA, Sonia. *Pobreza e desigualdade no Brasil: O esgotamento dos efeitos distributivos do Plano Real*. Rio de Janeiro: Ipea, TD n. 721, abril de 2000.

——. "Mudanças estruturais no mercado e trabalho e seus impactos sobre os pobres no Brasil", in *Revista da ABET*, 4(1), 2004. p. 5-25.

REIS, M. C. e GONZAGA, G. *Desemprego e deslocamentos setoriais da demanda por trabalho no Brasil*. Rio de Janeiro: PUC, TD n. 427.

SALM, Cláudio. "Crescimento sustentado e política de emprego", *in* VELLOSO, J. P. dos Reis (coord.) *Economia do conhecimento, crescimento e inclusão social*. Rio de Janeiro: Ed. José Olympio, 2004, p. 571-583.

SOARES, Sergei. *Distribuição de renda no Brasil de 1976 a 2004 com ênfase no período entre 2001-2004*. Rio de Janeiro: Ipea, 2006 (Texto para Discussão n. 1166).

VELLOSO, Raul. "Cortar gastos correntes é a solução", *in* VELLOSO, J. P. dos Reis (coord.) *Economia do conhecimento, crescimento e inclusão social*. Rio de Janeiro: Ed. José Olympio, 2004, p. 105-134.

Inclusão digital para o desenvolvimento econômico e a transformação social

Cláudio R. Frischtak*

---
*Consultor de empresas. Ex-economista sênior do Banco Mundial.

INTRODUÇÃO
A INCLUSÃO DIGITAL COMO NOVO COMPONENTE ESTRATÉGICO DO DESENVOLVIMENTO

APESAR DOS AVANÇOS RECENTES, o Brasil permanece numa posição incômoda no âmbito da inclusão digital. O grau de disseminação das chamadas tecnologias de informação e comunicação (TICs) é relativamente baixo, principalmente quando se tem por referência a necessidade do país transitar nos próximos anos para uma "sociedade da informação", base da sociedade do conhecimento.[1] Pode-se afirmar que num futuro não muito distante — 10-15 anos — a importância relativa e densidade econômica de países e regiões, assim como o bem-estar da população, serão determinados primordialmente pelo nível médio de conhecimento e sua difusão na sociedade.

A tecnologia-chave ou *core* para se transitar para a sociedade da informação é a internet, por ser potencialmente portadora de qualquer tipo de dado sob qualquer formato e altamente eficiente (em termos de custo, tempo de resposta); pela sua natureza genérica em propósito ou objetivo; e por sustentar

---

[1] Dois relatórios recentes de organizações vinculadas às Nações Unidas e usando metodologias distintas, mostram o Brasil numa situação de atraso relativo, se posicionando em 76º lugar no "índice de difusão" das TICs da Unctad e em 71º lugar no "índice de oportunidade digital" da União Internacional de Telecomunicações (UIT), ambos dentre 180 países. O complexo de 11 indicadores da UIT reunidos num só índice apontam o Japão e a Coréia do Sul, seguidos da Dinamarca e Islândia, como os países na fronteira da "oportunidade digital". Dentre as principais economias da América Latina, o Brasil está pior posicionado de acordo com este último indicador, abaixo do Chile (40º), Argentina (52º), México (66º) e Venezuela (67º), e acima apenas da Colômbia (88º). Ao mesmo tempo, o relatório da UIT sinaliza progressos significativos para o país em 2005, quando comparado ao início da década (2001), com o sétimo maior ganho relativo (35%), sendo Índia e China as economias que mais avançaram (73% e 46% no período), enquanto que em média os países o fizeram em 28%. Ver Unctad, "The Digital Divide Report: ICT Diffusion Index 2005,", Nova York e Genebra 2006, e UIT, "World Information Society Report 2006," Genebra, agosto de 2006.

uma miríade de aplicações e serviços, que são continuamente adicionados "na margem". A natureza única desta tecnologia é que ela em si é a base ou infraestrutura do conjunto mais amplo de inovações surgidos desde a revolução industrial. Em vários sentidos, a internet é o *deus ex machina* da sociedade da informação.

É nesta perspectiva que se torna crítico — pois componente estratégico do desenvolvimento econômico e social do país — possibilitar que toda a população possa ter acesso à internet da forma mais equânime possível e fazer uso desta no âmbito tanto da transformação econômica como do exercício da cidadania. Este trabalho propõe uma estratégia e o desenho de políticas públicas necessárias para uma transição bem-sucedida para a sociedade da informação — uma sociedade aberta e móvel, um Estado transparente e uma economia de oportunidades.

Não têm sido poucos os esforços de fazer o país caminhar nesse sentido. Contudo, pela ausência de direção clara, baixa coordenação das políticas, fragmentação de iniciativas e incerteza quanto aos resultados a serem alcançados, num contexto de limitada interação público-privada, o país tem caminhado lentamente, e de forma inconsistente com a magnitude dos desafios colocados pela revolução digital propiciada pela internet.

Neste processo, há algumas premissas que são essenciais para assegurar o potencial transformador do acesso à informação.

Primeiro, a metamorfose de informação em conhecimento se dá por meio da educação. Educação e acesso à informação estão na base da sociedade do conhecimento. Em particular, o uso eficaz da informação é diretamente relacionado com o nível de educação do usuário. Daí que a melhoria na educação e o acesso generalizado à internet devem ser entendidos como *revoluções gêmeas*. O investimento numa educação de qualidade para toda a população e no acesso generalizado e não discriminatório à internet, suas aplicações e serviços, devem ser tomados como políticas públicas unas e fortemente coordenadas.

Segundo, ainda que não se tenha o propósito de estabelecer um *ranking* ou ordenamento da importância dos diferentes serviços e aplicações disponíveis na internet, pode-se afirmar que aqueles relacionados ao chamado *e-governo* são claramente prioritários, e por múltiplas razões. Talvez a mais imediata seja a percepção de uma forte dissonância entre o elevado custo do Estado (expresso pela forte pressão tributária) e os retornos limitados à população no que diz respeito à saúde, educação, justiça, segurança, entre outros. Parece ser imprescindível uma melhora radical na qualidade dos serviços ofertados à população, no grau de transparência com que se conduzem os negócios públicos, e na capacidade de o Estado e seus agentes "ouvirem" as demandas, reclamações e sugestões dos contribuintes e consumidores do seus serviços. Mais do que iniciativas isoladas, necessita-se de uma abordagem integrada que possibilite no médio prazo a *transformação da relação Estado-cidadão*.

Terceiro, o uso de meios digitais de comunicação e informação na atividade produtiva vem levando não apenas a significativos ganhos de produtividade, mas talvez ainda mais importante, a um maior acesso aos mercados, na medida do encurtamento das distâncias, simplificação dos procedimentos, e redução dos custos de comunicação e transporte. Contudo, esta outra revolução tem tido efeitos fortemente assimétricos, na medida que muitas micro, pequenas e médias empresas (MPMEs) permanecem à margem da revolução digital. Ademais, uma desburocratização radical e melhoria dos serviços do Estado propiciado pela implementação abrangente de um programa de *e-governo* beneficiaria de modo particular a entrada no mercado e operação destas empresas. Neste sentido, o conceito de inclusão se refere igualmente ao mundo da produção/comercialização das MPMEs.

A seção 2 deste trabalho discute os principais desafios da inclusão digital no país.

Primeiro, e talvez o mais importante, é o acesso à rede. Dois são seus aspectos centrais: os custos do equipamento que dá entrada à internet e permite interatividade — basicamente o computador — e dos serviços que permitem a conectividade (de forma cada vez mais relevante, em banda larga); e a existência de pontos de acesso coletivos (escolas, bibliotecas, telecentros) que facultariam — principalmente àqueles para os quais a opção domiciliar é cara ou não disponível —, uma alternativa eficaz e de baixo custo. Em grande medida a discussão no país e as políticas de inclusão digital são hoje centradas neste segundo aspecto, ainda que o programa de barateamento do computador tenha assumido relevância após junho de 2005 com isenções tributárias e uso de *software* livre no âmbito do programa Computador para Todos. Por outro lado, o custo dos serviços direcionados ao domicílio permanece elevado, e os esforços que vêm sendo feitos no âmbito dos pontos de acesso coletivo são, de modo geral, incipientes, fragmentados e descoordenados.

Segundo, a disponibilidade de infra-estrutura que permita conexões em alta velocidade em banda larga, capaz de mover grandes volumes de informação e suportar aplicações e serviços de complexidade crescente. Conceitualmente pode-se pensar em uma infra-estrutura básica (*backbone* e servidores/roteadores) e uma infra-estrutura de conectividade, cujos meios físicos seriam o cabo (DSL, coaxial e PLC),[2] satélite e rádio-WAP (Wi-Fi, WiMax). De forma resumida, pode-se afirmar que tendencialmente — nos próximos cinco-oito anos —, a infra-estrutura de conectividade não deve se configurar como uma restrição operante à inclusão digital maciça da população, ainda que em várias regiões do interior do país o grau de capilaridade permaneça baixo, e o custo de conexão à infra-estrutura existente elevado (frente à escassez de meios coletivos de acesso, como discutido abaixo).

A geração e utilização de conteúdo é o *terceiro* desafio da inclusão digital. Se bem que a internet oferece uma infinidade de recursos sob a forma de aplicações e serviços, e literalmente milhares de sítios com informações úteis, há grandes barreiras a serem transpostas para sua massificação no país. Talvez a mais relevante se remeta ao nível de educação, informação e comando do idioma (inclusive da língua franca na rede — o inglês). Neste aspecto, e diferentemente da TV aberta — com toda a probabilidade a maior fonte de entretenimento do conjunto da população do país — é essencial que a internet se torne o contraponto focal não apenas de informação e educação, mas de serviços para a cidadania. O conceito de *e-governo* deve ser assim pensado em torno da tríade — *informação, educação e serviços* —, particularmente voltados para aqueles que historicamente se situaram à margem do processo de inclusão econômica. Nesta perspectiva deve-se unir relevância do conteúdo com a facilidade de utilização das ferramentas de acesso e interação, e sua disponibilização universal.

A seção 3 faz uma reflexão sobre o escopo e conteúdo de um programa de inclusão digital. O ponto de partida é o convencimento da sociedade de sua

---

[2] O DSL (*digital subscriber line*) usa a linha telefônica como condutor da informação, enquanto que o cabo coaxial é tipicamente usado nos serviços de televisão a cabo, e o PLC (*power line cable*) faz o transporte simultâneo de energia e informação.

importância pela *identidade de desenvolvimento e conhecimento*, e a impossibilidade de se almejar a transformação do país sem a *inclusão digital maciça da população*. Esta passa pela definição de uma estratégia clara e acordada entre os principais atores públicos e privados, particularmente quanto ao escopo do programa, prioridades, o papel do Estado, empresa e sociedade, e conseqüentemente a definição e implementação de um conjunto de políticas de alta eficácia num horizonte determinado, englobando o acesso individual e coletivo à internet, a prestação de serviços transacionais pelo governo eletrônico, além de informações consumidas passivamente, e a efetiva integração dos esforços de melhoria educacional com inclusão digital, no âmbito do recém-lançado Compromisso de Todos pela Educação.

A seção 4 conclui o trabalho com uma constatação: apesar da crescente consciência da importância da inclusão pela educação e conhecimento, inclusive e de forma cada vez mais relevante, no plano digital, não há ainda uma clara prioridade política por parte do governo e Congresso, o que em última instância espelha as prioridades da sociedade.

OS DESAFIOS CRÍTICOS DA INCLUSÃO DIGITAL NO BRASIL

A internet ainda tem uma penetração extremamente limitada no país. Em 2004, 12,2 em cada 100 domicílios tinham acesso à rede via computador, tendo esta proporção se elevado para 13,7 em 2005 (Quadro 1). Sob este parâmetro, o grau de acessibilidade à internet no país seria superior em relação ao México, porém em torno de 1/3 da Espanha e Irlanda e entre 1/5 e 1/6 do observado no Canadá e Coréia do Sul. Levando em consideração os ganhos obtidos em 2005 (1,5%), o país necessitaria de cerca de 27 anos para alcançar o grau de disseminação do Canadá (em 2003) e 39 anos para se aproximar da posição da Coréia do Sul — que se encontra na fronteira da conectividade digital.

QUADRO 1
PROPORÇÃO DE DOMICÍLIOS COM ACESSO À INTERNET
VIA COMPUTADOR

	% domicílios com acesso via computador
Brasil (2004)	12,2
Brasil (2005)	13,7
México	8,7
Espanha	33,6
Irlanda	39,7
Canadá	54,5 (a)
Coréia do Sul	72,2

Para Espanha e Irlanda, inclui acesso via celular 3G e PDAs.
FONTE: Pesquisa Nacional por Amostra de Domicílio (Pnad) 2004, 2005; OECD Key ICT Indicators (a) 2003.

Quais são as principais barreiras de acesso à internet? Os dados do Pnad são sugestivos a esse respeito ao se relacionar a distribuição dos domicílios urbanos por classe de renda com a presença do computador e o acesso à internet (Quadro 2).

QUADRO 2
BRASIL — DISTRIBUIÇÃO DOS DOMICÍLIOS URBANOS
POR CLASSE DE RENDA, PRESENÇA DE COMPUTADOR
E ACESSO À INTERNET 2004

Distribuição dos dom. urbanos por classe de renda	Classe de rendimento (em múltiplos de salário mínimo)	Classe de consumo	PCs/ 100 habitantes	% domicílios com acesso
4	$Y>20$	A	79,6	72,0
8	$10<y<20$	B	59,6	49,6
18	$5<y<10$	C	28,1	19,6
37	$2<y<5$	D	7,2	4,2
33	$Y<2$	E	0,1	0
100,0	–	–	16,3	12,2

FONTE: Pnad 2004.

Primeiro, o acesso é altamente correlacionado à renda domiciliar, ainda que o grau de concentração de renda pareça ser menos acentuado que a concentração dos acessos quando se comparam as estatísticas das classes A/B com as classes C/D/E. De fato, a concentração dos acesso nas classes A/B é 50% maior do que a concentração de renda no país, pois enquanto as classes A/B tem uma renda anual média 6,15 vezes superior à renda média das classes C/D/E no seu conjunto, a relação do grau de acessibilidade entre os dois grande grupos é de 9,14. Se excluirmos a classe C e olharmos os extremos, 12% dos domicílios concentram 53,1% dos acessos e 70% dos domicílios correspondem a apenas 4,2% dos acessos. Assim, a probabilidade de um domicílio A/B acessar a rede é 73,75 vezes maior que um domicílio D/E.

Segundo, o acesso é fortemente predicado à presença do computador no domicílio, e este à classe de renda domiciliar[3] Cerca de 3/4 dos domicílios com este equipamento (que perfaziam 16,34% em 2004 e 18,56% em 2005) o usavam para acessar a internet; já dentre os motivos alegados para não ter acesso à internet em casa, 59% dos domicílios amostrados em pesquisa de 2005 indicaram a falta do computador e 33% o alto custo do equipamento.[4]

Terceiro, o custo de conexão à internet no país é muito elevado tanto em termos absolutos quanto em percentual da renda mensal. Em particular, quando comparado a outros países, e controlando para nível de renda *per capita*, o Brasil tem as tarifas de conexão e mobilidade mais elevadas (Gráficos 1 e 2).

---

[3]Os outros meios de acesso (celulares 3G, PDAs etc.) permanecem pouco acessíveis e ainda são substitutos bastante imperfeitos do (primeiro) computador.
[4]Pesquisa realizada em agosto/setembro de 2005 pelo Instituto IPSOS para o Comitê Gestor da Internet no Brasil, com base numa amostra de 6.710 entrevistados que não possuíam internet em casa. Respostas múltiplas.

GRÁFICO 1
TARIFA DE ACESSO À INTERNET E CUSTO DE UTILIZAÇÃO DE CELULAR EM VÁRIOS PAÍSES — 2004, EM US$ POR MÊS

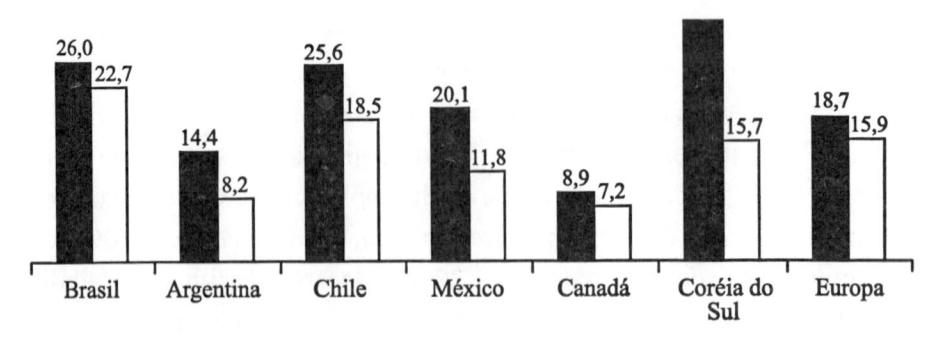

País	Tarifa Internet	Custo usuário celular de baixa intensidade
Brasil	26,0	22,7
Argentina	14,4	8,2
Chile	25,6	18,5
México	20,1	11,8
Canadá	8,9	7,2
Coréia do Sul	—	15,7
Europa	18,7	15,9

NOTAS: Custo de 20 horas/mês em US$. Dados de 2004
FONTE: ITU, World Information Society Report 2006.

GRÁFICO 2
TARIFA DE ACESSO À INTERNET E CUSTO DE UTILIZAÇÃO DE CELULAR EM VÁRIOS PAÍSES — 2004, COMO % DO PIB *PER CAPITA*

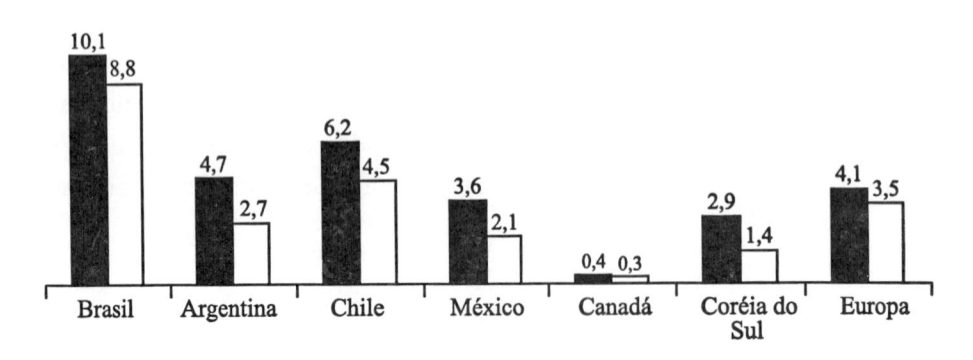

País	Tarifa Internet	Custo usuário celular de baixa intensidade
Brasil	10,1	8,8
Argentina	4,7	2,7
Chile	6,2	4,5
México	3,6	2,1
Canadá	0,4	0,3
Coréia do Sul	2,9	1,4
Europa	4,1	3,5

NOTAS: Custo de 20 horas/mês em US$. Dados de 2004
FONTE: ITU, World Information Society Report 2006.

Os custos são ainda mais proibitivos para parte significativa da população no caso de conexões em banda larga, variando de cerca de 10% da renda *per capita* até pouco mais de 27% para conexão via satélite (Quadro 3). A conexão ADSL (linha digital para assinante de telefonia fixa) é a dominante, seguida de TV a cabo (cabo coaxial) e satélite, enquanto as tecnologias Wi-Fi e WiMax[5] — de maior potencial — assim como PLC ainda se encontram num estado preliminar ou mesmo embrionário (neste último caso) no país.

QUADRO 3
BRASIL — DESPESA MÉDIA MENSAL COM INTERNET BANDA LARGA POR TECNOLOGIA, SETEMBRO DE 2006

Tecnologia	Preço (R$/mês)*	% PIB *per capita***
ADSL	96,40	11,0%
Cabo coaxial	87,55	10,0%
Rádio (Wi-Fi e WiMax)	85,92	9,8%
Satélite	238,90	27,3%
PLC (linhas de transmissão)	a.n.d.	a.n.d.

NOTAS: (*) Preço médio entre as diferentes companhias que fornecem o serviço, incluindo o provedor de acesso. O critério utilizado na definição da cesta de serviço foi sempre o de menor preço oferecido pela empresa no estado em questão; (**) PIB *per capita* mensal em 2005 = R$ 876,66 (Fonte: Ipeadata); a.n.d. = ainda não disponível

FONTE: Elaboração própria.

Vale enfatizar que 20,6% de quem não acessa à internet no próprio domicílio menciona o custo de acesso muito elevado como barreira ao acesso em casa.[6] De fato, a experiência internacional aponta para um ponto crítico (*threshold*) de custo das tarifas de acesso de 5% do PIB *per capita*, abaixo do qual acelera-se a difusão da internet na sociedade de forma exponencial.[7] Altas taxas de penetração, em particular, são característica de países com tarifas abaixo de 5% da renda *per capita*, e os dados sugerem que o Brasil não é uma

---

[5]A Wi-Fi é uma tecnologia de radio para transmissão de dados em banda larga (cujas freqüências não precisam ser licenciadas) e com raio de cobertura de até 300 metros, enquanto que o WiMax tem alcance que pode chegar a 50 km da antena de retransmissão.
[6]Ibid.
[7]Ver ITU, World Information Society 2006, op. cit., p. 27.

exceção. Ao mesmo tempo deve-se lembrar que a redução em si da tarifa é fator importante desde que articulado com outros elementos de redução de custo dos dispositivos, e aumento da densidade e capilaridade da infra-estrutura, entre outros.

Quarto, a redução das tarifas pode ser insuficiente se a cobertura for restrita, como ainda é o caso para as tecnologias relativamente menos custosas. A infra-estrutura de acesso nessas tecnologias está hoje concentrada nos maiores mercados — 238 cidades com 127,8 milhões de brasileiros — e voltada basicamente para os 5,7 milhões de domicílios A/B (com 20,7 milhões de habitantes). Assim, no caso do ADSL,

- Ao final de 2005, havia apenas 2,8 milhões de acessos, menos de 10% das 39 milhões de linhas fixas.
- 64% dos 36,4 milhões de domicílios C/D/E residentes naquelas cidades têm linhas fixas, contudo sem acesso à banda larga.

Quinto, o acesso limitado no domicílio se vê agravado pela baixa eficácia das políticas e programas de acesso coletivo. Ao final de 2005, 18 programas ou ações desenvolvidos por oito ministérios, uma secretaria, quatro empresas estatais e uma fundação estavam à frente de 5.429 telecentros conectados à rede (e 569 desconectados).[8] O Quadro 4 a seguir sugere não apenas fragmentação das iniciativas, fruto possivelmente de competição inter burocrática, como o estabelecimento de alvos — sob a forma de metas físicas — bastante ambiciosos para 2006, e que têm se demonstrado em passado recente inexeqüíveis.

Apesar dos esforços, a falta de coordenação e integração (responsabilidade desde final de 2005 do Ministério das Comunicações)[9] — inclusive pela avaliação sistemática do resultado dos programas — limita seu impacto.

---

[8] Há ainda ações no plano estadual — a exemplo dos Centros Rurais de Inclusão Digital no Ceará e do Acessa São Paulo, assim como iniciativas no âmbito municipal, a exemplo de Piraí (RJ), Sud Menucci (SP) e Barrerinhas (MA).
[9] De acordo com a Decreto 5.581 de 11/11/2005, cabe ao ministro das Comunicações "formular e propor políticas, diretrizes objetivo e metas, bem como exercer a coordenação da implementação dos projetos e ações respectivos, no âmbito do programa de inclusão digital".

QUADRO 4
PROJETOS SELECIONADOS DE INCLUSÃO DIGITAL
DO GOVERNO FEDERAL

Programa	Descrição	Órgão responsável	Telecentros conectados*	Meta física 2006**
Gesac***	Conectividade via satélite	Minicom	3.200	6.600
Proinfo	Informatização de escolas públicas	MEC	378 NTEs 4931 escolas	—
Pontos de cultura	Difusão da produção cultural	MinC	250	1.000
Telecentros de informação de negócios	Telecentros para pequenas e microempresas	MDIC	736	3.000
Casa Brasil	Telecentro, biblioteca, lab. de ciências, estúdio multimídia	MCT, ITI	2	300
Centros vocacionais tecnológicos	Ensino profissional e de ciências	MCT	71	71
Centros de inclusão em setores com impacto social	Centros em comunidades com especialização produtiva	MCT	56	150
Fomento a projetos de inclusão digital	Implantação de projeto de inclusão social	MCT	18	800
Inclusão digital	Telecentros comunitários	Banco do Brasil	800	1.800
Estação digital	Telecentros comunitários	Fundação Banco do Brasil	106	179
Inclusão digital	Salas de informática e telecentros	CEF	127	150

NOTAS: (*) até novembro 2005; (**) cumulativo; (***) Governo Eletrônico — Serviço de Apoio ao Cidadão.

FONTE: *A Rede*, "Inclusão: 4,4 mil telecentros têm apoio federal," dezembro de 2005, p. 14-5.

De fato, as indicações são de que a maior parte dos telecentros está subutilizada ou mal utilizada (inclusive pela inserção falha na comunidade e escassez de monitores), ou ainda faltam pontos de conexão e equipamento (computadores). Assim, dos usuários da internet, apenas 1,93% acessam de um centro público de acesso gratuito, uma fração dos que o fazem de centros públicos de acesso pago (internet café, *lanhouse* ou similar), escola, trabalho e casa (Quadro 5).

QUADRO 5
BRASIL — LOCAL DE ACESSO INDIVIDUAL À INTERNET, POR CLASSE DE RENDA 2005, EM %

Classe de renda familiar mensal (R$)	Casa	Trabalho	Escola	Casa de terceiros	Centro público Acesso pago	Centro público Acesso gratuito	Outros
Total	42,03	26,44	21,32	17,68	17,59	1,93	3,58
< 300	17,94	14,75	52,24	20,36	15,12	6,59	0,53
301-500	7,81	12,51	30,00	24,28	26,47	3,93	5,26
501-1000	16,19	23,18	25,36	19,40	24,57	2,29	5,04
1001-1800	36,57	22,26	17,36	21,91	21,17	1,15	2,99
> 1800	66,06	35,74	17,27	13,21	10,60	1,22	2,66

BASE: 2.085 entrevistados que usaram a internet nos últimos três meses. Respostas múltiplas (pesquisa realizada em agosto/setembro de 2005).

FONTE: Comitê Gestor da Internet no Brasil, Pesquisa sobre o Uso das Tecnologias de Informação e Comunicação — TIC Domicílios (www.nic.br/indicadores).

Quando se discrimina por classe de renda, nota-se que para os mais pobres e remediados (renda familiar mensal abaixo de R$ 1.000), *a escola é o locus preferencial* — particularmente entre os muito pobres —, seguido da casa de terceiros e centros públicos de acesso pago (para aqueles domicílios com renda abaixo de R$ 500), e destes centros e do trabalho para a faixa de renda imediatamente superior. Para as classes de renda acima de R$ 1.000, o acesso se dá com maior freqüência no domicílio e no trabalho. Assim, os dados parecem sugerir que mesmo os mais pobres usam com menos freqüência os telecentros, bibliotecas e entidades comunitárias comparados com as demais alternativas.

É possível, certamente, que a cobertura ainda incipiente dos telecentros seja fator igualmente potente para explicar seu limitado uso. Contudo, as iniciativas desencontradas e o fato de número considerável de unidades serem de baixa operacionalidade — inclusive pela parca integração com as comunidades ou mesmo redundância com outras instâncias de conexão — fazem com que o que em muitos países é, senão o principal, ao menos um meio básico de inclusão digital, no Brasil seja, pelo menos por enquanto — apenas um meio a mais, e de natureza secundária.

Sexto, o governo eletrônico ainda é bastante falho, o que implica enormes conseqüências à cidadania digital. Para a maior parte da população, "estar conectado à rede" tem significado ou materialidade na medida do acesso à informação e a serviços do Estado — o chamado governo eletrônico — no âmbito da educação, saúde, previdência, além de justiça e segurança, principalmente.

Como foi recentemente apontado pelo Tribunal de Contas da União (TCU):[10]

- Não há um portal único dos serviços eletrônicos do governo ou uma cultura de prestação de serviços pela internet; os portais — a maior parte com falhas — se direcionam para prestação de informações
- Os recursos para *e-gov* são realocados para custeio de informática dos ministérios
- Falta coordenação entre os ministérios que prestam serviços pela rede — que deveria ser exercida em conjunto pela Casa Civil e Ministério do Planejamento —, e desconhecimento pelos ministérios do Plano Nacional de Desenvolvimento do Governo Eletrônico.

Ao mesmo tempo deve-se reconhecer os esforços consideráveis que vêm sendo feitos a pelo menos uma década, que resultou no país estar classificado em 33º lugar no índice de E-government Readiness da Organização das Nações

---

[10] Ver, por exemplo, *Valor*, 22/8/2006, p. A4.

Unidas (ONU), tendo avançado duas posições entre 2004 e 2005.[11] Neste aspecto, o país se encontra bem acima dos indicadores mais amplos de inclusão digital, a exemplo do 76º lugar no "índice de difusão" das TICs da Conferência das Nações Unidas Sobre Comércio e Desenvolvimento (Unctad) e do 71º lugar no "índice de oportunidade digital" da União Internacional de Telecomunicações (UIT). Ademais, há serviços de excelência reconhecida no âmbito dos três poderes e em estados como Minas Gerais, Mato Grosso do Sul, Pernambuco e São Paulo, entre outros.[12]

Porém no essencial — com que intensidade e como os usuários o utilizam — o *e-gov* brasileiro ainda não é um instrumento de cidadania digital, na medida em que:

- Apenas 12,7% dos indivíduos fizeram uso no período ago/set 2004-2005.
- A utilização preponderante é consulta ao CPF (50,5%) e declaração de IR (40,8%).
- 21,8% o utilizam para obter informações sobre serviços públicos de educação e 11,2% sobre serviços públicos de saúde — sem contudo acessar esses serviços.
- Informações sobre concursos públicos (26,8%) e emprego (17,8%) seriam as áreas de relativamente maior relevância direta para usuários de baixa renda.

Porém, esses serviços são usados escassamente pelas pessoas de renda mais baixa e/ou menos educadas (Quadros 6 e 7). A razão parece ser que não apenas são esses indivíduos menos propensos a acessar à internet, mas pela escas-

---

[11] Ver United Nations, *UN Global E-government Readiness Report 2005 — From E-government to e-inclusion*, Nova York, 2005, p. 48. Há, de fato, ferramentas com impacto considerável, a exemplo da Comprasnet, o portal eletrônico de compras do governo federal, e a operação do pregão eletrônico no setor público movimentou no ano de 2005 R$ 4 bilhões em compras realizadas integralmente via internet (3,5% do valor total comprado em bens e serviços pelos governos federal, estaduais e municipais, *vs.* 1,2% em 2004, de acordo com o índice e-Licitações). O volume negociado em 2005 foi impulsionado pelo Decreto 5.450/2005, que tornou a modalidade do pregão obrigatória nas compras de bens e serviços comuns, com preferência pelo pregão eletrônico. Outros exemplos incluem a arrecadação de imposto de renda (98% das declarações são submetidas por meios eletrônicos, *vs.* 40% na Europa), e a votação eletrônica, cuja apuração no plano nacional em 2002 demorou apenas 62 horas.
[12] No plano estadual as iniciativas de maior impacto são as centrais de atendimento ao cidadão — que reúnem num único local diversos serviços públicos e emissão de documentos —, a exemplo da pioneira SAC (BA), do Poupatempo (SP), Casa Cidadão (CE), Ganha Tempo (MT), entre outros.

sez de serviços particularmente úteis — seja nas área de saúde, educação ou previdência — e que poderiam substituir atividades presenciais que têm enorme custo para a população (a exemplo das filas do SUS e da previdência).

QUADRO 6
PROPORÇÃO DE INDIVÍDUOS QUE UTILIZAM O
GOVERNO ELETRÔNICO POR RENDA FAMILIAR
(EM R$/MÊS E % SOBRE TOTAL DA POPULAÇÃO)

Categoria de renda familiar mensal	< 300	301-500	501-1000	1001-1800	> 1800
Distribuição percentual	2,22	2,77	7,12	17,63	38,35

BASE: 8.450 domicílios entrevistados. Respostas múltiplas referentes aos últimos 12 meses (pesquisa realizada em agosto/setembro de 2005).

FONTE: Comitê Gestor da Internet no Brasil, Pesquisa sobre o Uso das Tecnologias de Informação e Comunicação — TIC Domicílios (www.nic.br/indicadores).

QUADRO 7
PROPORÇÃO DE INDIVÍDUOS QUE UTILIZAM
O GOVERNO ELETRÔNICO POR GRAU DE INSTRUÇÃO
(EM % SOBRE TOTAL DA POPULAÇÃO)

Categoria de grau de instrução	Analf./ Fund. 1	Fund. 1 compl.	Fund. 2 incompl.	Fund. 2 compl.	Médio incomp.	Médio compl.	Univ. incomp.	Univ. compl.
Distribuição percentual	0,60	1,18	2,48	7,47	12,06	25,85	51,49	55,06

FONTE E BASE: Ver notas Quadro 6.

Finalmente, pode-se afirmar que a inclusão digital só se completa com a capacidade de criar conteúdo, fazendo uso da internet como meio de expressão criativa e fonte de valor econômico. Para tanto, é necessário estar capacitado para transformar informação em conhecimento, gerando novo conteúdo; neste caso, a restrição maior é o nível de educação do usuário, cuja relação com a rede é de passividade. Neste sentido, a exclusão digital pressupõe e reforça o baixo nível de educação da população; inversamente, usar a rede plenamente — o que significa contribuir com textos, imagens, se relacionando com grupos de trabalho, afinidade, entre outros — supõe competências no uso do idioma e domínio da língua — cuja base está na escola. Conseqüentemente, um programa de inclusão digital necessita estar articulado com um projeto de melhoria da educação no país.

UM PROGRAMA DE INCLUSÃO DIGITAL

Não se pode afirmar que o Brasil tenha hoje um programa de inclusão digital ou, de modo mais geral, um política voltada para a geração e uso das TICs. Há inúmeras iniciativas, programas — alguns bem-sucedidos — e uma vontade política difusa de se fazer algo no sentido de estimular a produção de dispositivos, circuitos integrados, *software*, e difundir o acesso à internet. Porém não algo que se assemelhe a um programa — no sentido de um conjunto articulado de ações, com metas críveis, efetiva coordenação, monitoramento de resultados e divisão de responsabilidades, no âmbito público e no plano da cooperação público-privada.

Talvez o país que mais tenha avançado nos últimos anos nesse sentido tenha sido a Coréia do Sul, a cuja ênfase na indústria eletrônica se seguiram políticas efetivas de difusão de computadores, internet e telefonia móvel, inclusive por meio da construção de uma infra-estrutura de comunicação e capacitação da população (pelo estímulo ao uso e conhecimento das tecnologias), e mais recentemente, um plano nacional de desenvolvimento integrado denominado Estratégia 839, calcado no conceito de "ubiqüidade" ou onipresença das novas tecnologias na sociedade coreana.[13] Antes de chegar ao conceito de ubiqüidade, a ênfase recaiu no acesso maciço à internet, seja pela

---

[13] A estratégia 839 — os oito serviços (operações com tecnologia de internet móvel em banda larga, transmissão de áudio e vídeo para dispositivos móveis, conexão de eletrodomésticos e utensílios domésticos, oferta de informações cartográficas e de trânsito para veículos, uso de *chips* de radiofreqüência que substituem o código de barras em vários produtos, transmissão de voz e dados em alta velocidade para dispositivos móveis por meio do W-CDMA, TV digital e telefonia pela internet) e as três redes (de convergência em banda larga, de sensores onipresentes e de operação com base no protocolo de internet de nova geração Ipv6), darão suporte a nove setores, incluindo: dispositivos móveis, telemáticos e computadores de nova geração; TV digital; eletrodomésticos conectados em rede; circuitos integrados com baixo consumo de energia; produção de conteúdo digital; serviços robotizados inteligentes; e *software* embarcado. Ver *Valor* 28/6/2005, p. B4 e Ministério da Informação e Comunicação da República da Coréia (Coréia do Sul).

disseminação dos dispositivos, expansão da infra-estrutura, e garantia de conexão em locais coletivos, com forte ênfase na escola.[14] Estes são os desafios que o Brasil hoje enfrenta, pois estamos ainda longe de poder utilizar conceitos como ubiqüidade para desenhar programas voltados à utilização das TICs.

A *questão-chave* no país é que não há ainda convencimento da sociedade e do governo quanto à essencialidade da inclusão digital, e conseqüentemente, da prioridade de um programa de inclusão. Inversamente, o envolvimento direto da Casa Civil na coordenação do programa sinalizaria sua efetiva importância, facilitando a articulação de múltiplas instâncias (ministérios, agências reguladoras, entre outras) necessárias para garantir sua eficácia.

Somente quando se tornarem óbvio para o conjunto da sociedade o silogismo

- sem informação não há conhecimento, e sem conhecimento não há futuro e a identidade;
- acesso à informação = acesso à internet; a inclusão digital terá a devida prioridade de política de Estado.

Um programa não se sustenta sem *uma estratégia* ou quadro de referência que oriente os atores públicos e privados, e sem a qual há dispersão e baixa eficácia dos esforços. O desenho desta estratégia supõe conhecer:

- Quais são efetivamente as maiores barreiras à inclusão digital.
- Em que horizonte de tempo elas podem e devem ser removidas.
- Qual o impacto esperado pelas ações empreendidas.

Este trabalho não tem por propósito detalhar uma estratégia de inclusão digital, mas sugerir seus elementos básicos, com o objetivo de remover os obstáculos apontados na seção 2 e promover o acesso disseminado à internet em prazo não superior a cinco anos. Os lineamentos estratégicos discutidos a seguir são consistentes também com os resultados dos levantamentos junto aos usuários

---

[14]Ver Republic of Korea, Ministry of Information and Communication, *White Paper 2000: The Informatization Vision for Constructing a Creative, Knowledge-Based Society*, dezembro de 2000. O país se colocou como objetivo se tornar "the world's leading computer-literate society" (p. 16), conectando as escolas, além de telecentros ("centros locais de acesso à informação"), capacitando as pessoas, e expandindo a base de PCs e outros dispositivos a baixo custo.

em termos de local típico de acesso e padrão de utilização da internet, que revelariam suas preferências enquanto consumidores de dispositivos e serviços.

O *conteúdo* desta estratégia estaria organizado em torno de cinco elementos-chave.

Primeiro, e no plano mais geral, deve-se ter claro qual é o *objetivo essencial* que estará sendo perseguido pela estratégia proposta. Tendo em vista o estágio em que se encontra o uso das tecnologias de informação e comunicação no país — com a elevada disseminação da TV aberta, da telefonia tanto fixa quanto principalmente móvel —, e inversamente o baixo grau de difusão da internet, principalmente de alta velocidade,

- As ações de governo nos próximos três-cinco anos no âmbito da inclusão digital devem se voltar para universalizar o acesso da população à internet em banda larga, com ênfase na população de baixa renda e em idade escolar.

Segundo, a elevada correlação de renda e acesso domiciliar não deve enviesar um programa de inclusão no sentido do acesso coletivo: as limitações inerentes a um esquema de difusão via Telecentro sugerem a necessidade de dar renovada ênfase na redução do preço dos equipamentos e dos serviços de conexão:

- O computador permanece no centro da conectividade e sua ausência nos domicílios é possivelmente a maior restrição de um acesso maciço à internet. O programa do governo federal Computador para Todos, que entrou em operação com a chamada Medida Provisória (MP) do Bem de junho de 2005 (transformada na Lei 11.196) e voltado para as famílias da classe de consumo C e D, é uma excelente iniciativa, consistente com a estratégia aqui sugerida.[15]

---

[15] Já o programa Um Computador por Aluno (UCA), que tem por objetivo distribuir um *laptop* por aluno com base na iniciativa de Nicholas Negroponte do Massachusetts Institute of Technology (MIT), ainda está relativamente longe de se concretizar, dado o atraso no cronograma industrial, reflexo de indefinições no que diz respeito à tela e bateria, além dos serviços de manutenção do equipamento. O Ministério da Educação e Cultura (MEC) tem o intuito de comprar 1 milhão de máquinas a serem fabricadas na China pela Quanta (a US$ 140 a unidade) se os protótipos aprovarem e a fabricação em escala for capaz de reduzir os custos significativamente. Há obviamente o risco de ser este um projeto inexequível e de retirar o foco do que se entende como premente — concentrar os esforços na acessibilidade da escola, que deveria funcionar como telecentro comunitário e voltando inclusive para os pais dos alunos.

Esse programa parece ter sido bem-sucedido no seu primeiro ano, e deve ser avaliado e ampliado. Com base nos dados da Pnad, estima-se que o programa venha a acrescentar cerca de 1 milhão de computadores ou 25% à base instalada nos domicílios C e D até o final de 2006, o que representa ganho considerável, porém ainda insuficiente frente à situação de marginalização desses domicílios no que diz respeito ao consumo e utilização de computadores.[16] Tendo em vista a forte resposta dos consumidores à redução de preços e ao tamanho da prestação — na medida em que as vendas são de modo geral realizadas a crédito — o governo deve considerar implementar desonerações fiscais e creditícias adicionais.[17]

- Os custos de conexão no país permanecem elevados — com gastos mensais próximos a 10% do PIB *per capita* (mensal). Como já visto, seria importante, senão imprescindível mesmo, reduzi-los a uma média de 5%, ponto crítico abaixo do qual a evidência internacional sugere aumento acentuado da conectividade no plano nacional.

Aqui sugere-se que a adoção de novas tecnologias capazes de acelerar o processo de difusão deve ser incentivada.[18] Entre elas, duas parecem ter maior potencial disseminador a custos relativamente baixos:

- Tecnologias via rádio (Wi-fi, WiMax, Mesh).[19] A Agência Nacional de Telecomunicações (Anatel) e o Ministério das Comunicações, devem acordar numa estratégia de curto e médio prazos para estimular a con-

---

[16] A proporção de consumidores que adquiriram pela primeira vez um PC passou de 55%, em 2005, para 61% ao fim do primeiro semestre de 2006, na medida em que consumidores de menor renda entram no mercado.

[17] O programa foi impulsionado pela padronização da configuração do computador, uso de *software* livre, e ao se dar ao varejo a isenção de PIS/Pasep e confins na venda de computadores de mesa até R$ 2.500 e portáteis (*notebooks*) até R$ 3.000, e a possibilidade de parcelamento de máquinas de R$ 1.400 ou menos em 24 parcelas a juros relativamente baixos, implicando uma prestação máxima de 70 reais. De acordo com a Associação Brasileira da Indústria Elétrica e Eletrônica (Abinee) as vendas de computadores deverão chegar a 7,8 milhões de unidades em 2006, 38% a mais do que em 2005, reflexo da queda de preços de cerca de 20%, em média, desde a introdução da MP.

[18] Ver "Internet: Novas Tecnologias Facilitam Acesso" em *A Rede*, novembro de 2005, p. 13-16.

[19] A tecnologia Mesh é usada para interligar estações Wi-Fi em altíssima velocidade e sem necessidade de cabos. As redes Mesh se auto-reconfiguram quando novas estações são adicionadas ou quando uma delas sai do ar.

corrência pela redução às barreiras à entrada, de modo a reduzir os custos de conexão em banda larga, assim como melhorar a qualidade e expandir a cobertura de atendimento. Seria fundamental, em particular, que a licitação de freqüências para o serviço WiMax viesse a ser feita no bojo de um programa de inclusão digital, ou pelo menos, tendo tal programa como referência explícita.[20]

- Tecnologias de comunicação pela rede elétrica — PLC (*power line communications*). Esta ainda é uma tecnologia experimental no país, mas cujo potencial deve ser testado, dado o elevado grau de eletrificação tanto nas áreas urbanas de baixa renda quanto em áreas rurais (na medida em que avança o programa Luz para Todos).[21]

Em paralelo, deve-se avançar na viabilização da terceira geração de telefonia celular, que possivelmente irá concorrer com o WiMax, e continuar promovendo alternativas de conexão que facilitem o acesso à internet banda larga ao mesmo número de pessoas. De modo mais geral, é crítico que o governo e sociedade apontem para o direcionamento de médio e longo prazos no uso das TICs no país, da mesma forma como foi feito há uma década. Se a Lei Geral de Telecomunicações (LGT) deve ou não ser ajustada é um ponto secundário: o fundamental é realizar um esforço de reflexão coletiva — liderado pelo governo — de modo a traçar os rumos do setor nos próximos anos, e desta forma

---

[20] Na recente tentativa de licitação pela Anatel de licenças de exploração de serviços de internet em alta velocidade sem fio, usando a tecnologia WiMax, a controvérsia centrou-se na regra da agência que impede as operadoras de telefonia fixa de comprar as licenças em suas próprias áreas de concessão. A restrição de competir em suas próprias áreas de atuação é calcada em dois argumentos: as três empresas de telefonia fixa possuíam cerca de 78% do mercado de banda larga (com uso da tecnologia ADSL, que tende a perder capacidade de transmissão em alta velocidade à medida que o ponto de conexão se encontra mais distante da central), tendo portanto uma posição dominante no mercado; e segundo, não teriam interesse em criar competição à atual rede com uma nova tecnologia, levando ao retardamento da introdução desta. Esses argumentos seriam enfraquecidos, contudo, se a Anatel estipulasse a obrigação de as teles competirem fora de sua área de atuação, assim como a introdução de metas de cobertura territorial/populacional pelos vencedores. De qualquer forma, em 4 de setembro de 2006, cerca de cem empresas entregaram propostas e documentos de habilitação, inclusive operadoras de telefonia fixa protegidas por força de liminares, disputando 20 licenças para operar por 15 anos (renováveis por mais 15) nas regiões correspondentes às da concessionária de telefonia fixa e 1.036 blocos divididos em 67 áreas de numeração (correspondente ao DDD). Em simultâneo, e de forma surpreendente, o TCU suspendeu temporariamente o leilão numa medida cautelar que questiona os preços mínimos dos blocos de freqüência.

[21] Um caso aparentemente bem-sucedido é o projeto da Eletropaulo, que implantou (junto com a Companhia de Desenvolvimento Urbano de São Paulo) uma rede PLC em cinco condomínios populares no bairro da Mooca. Ver *A Rede*, novembro de 2005, p. 14.

minimizar os conflitos crescentes, envolvendo inclusive o Ministério das Comunicações e a Anatel, bem como os atores privados. É possível que ao final desse processo seja necessário ajustar a legislação existente ou mesmo introduzir nova legislação para dar conta fundamentalmente das mudanças tecnológicas que estão revolucionando a indústria — sendo a convergência da transmissão de dados, voz e imagem na mesma rede a evidência mais aparente — e a ausência de regras para a transmissão de conteúdo nas redes de telecomunicações.[22]

Terceiro, mesmo com a redução dos preços dos dispositivos — computadores em particular — e a introdução de novas tecnologias que reduziriam de forma significativa os custos de conexão — o avanço na disseminação da internet não poderá prescindir de telecentros e outros pontos de acesso coletivo gratuito.

O desafio é focalizar os esforços no *locus* de maior impacto potencial e gerir os recursos com maior eficiência, evitando desperdícios sob a forma de conexões não utilizadas ou subutilizadas, equipamentos danificados, locais de difícil acesso e conseqüentemente público restrito, ou ainda, ausência de monitores/professores que saibam maximizar o uso dos recursos.

Um programa de inclusão digital deve necessariamente estabelecer prioridades claras no que diz respeito à alocação de recursos públicos (ou de empresas de governo) direcionados ao acesso dos excluídos. Dada a escassez de recursos e o fato de que educação e inclusão caminham juntos e se reforçam mutuamente, os telecentros deveriam preferencialmente (ainda que não exclusivamente) se localizar nas escolas.

Em vez de governo e empresas públicas criarem uma multiplicidade de telecentros, deve-se concentrar esforços em capacitar professores (e monitores), equipar as escolas e abri-las à comunidade.

- Dar prioridade à escola como *locus* preferencial de acesso à coletividade, significa estabelecer uma diretriz clara nesse sentido, outorgando real poder de coordenação e integração de esforços para a Casa Civil, que na prática é a única instância "ouvida" e respeitada pelos atores ministeriais e de empresas públicas.

---

[22]Ver *Valor*, 1-3 de setembro, p. B3.

Neste contexto, a criação de um novo serviço público de telecomunicações para prover serviços em banda larga para escolas (e bibliotecas) com base nos recursos do Fundo de Universalização das Telecomunicações (Fust) levanta problemas de duas ordens distintas: a ausência de uma política (e de um programa) de inclusão, e o ainda baixo grau de articulação das múltiplas iniciativas, o que de novo sugere potencial desperdício.

De forma complementar, o Ministério das Cidades e a Caixa Econômica Federal (CEF) deveriam apoiar os esforços municipais e comunitários de cidadania digital, replicando em adaptando experiências bem-sucedidas, a exemplo de Sud Menucci (SP) e Piraí (RJ). Neste último caso, a prefeitura criou uma rede pública de acesso universal, ao se tornar o provedor de acesso de internet banda larga (por meio de tecnologia de rádio), interligando 25 escolas, postos de saúde, repartições públicas, seis telecentros e onze quiosques de navegação gratuita.

Seja canalizando recursos para as escolas, seja alocando-os para prefeituras que submetam projetos viáveis e de forte conteúdo social, o impacto destas iniciativas seria certamente magnificado se fizerem parte de um programa que as articule e integre a uma estratégia e uma política de inclusão. Deve-se insistir nesse ponto, pois talvez o que caracteriza o país além de um elevado grau de exclusão, são as múltiplas iniciativas, e muitas delas desencontradas.[23] Vale registrar que as tentativas eventuais de propor um quadro integrador devem ser tomados como ponto de partida para uma discussão em torno de um programa de inclusão estruturado e com elevada probabilidade de sucesso.[24]

O *quarto* elemento de uma estratégia de inclusão digital é atualizar os esforços de desenvolvimento do governo eletrônico, com base na premissa de que ao cidadão interessa não apenas acesso às informações como aos chama-

---

[23] Apenas a título de ilustração, o Núcleo de Assuntos Estratégicos da Presidência (NAE) anunciou em junho de 2006 que R$ 600 milhões do FUST seriam aplicados em 2007 para a conexão em internet das escolas públicas, como parte de um programa mais amplo voltado à qualidade na educação básica, com objetivo de — ao final de cinco anos — atingir todas as 90 mil escolas públicas no país. Para tanto, na visão do NAE, não haveria necessidade de mudar a lei que deu origem ao FUST. Já para o Ministério das Comunicações, a atual lei só permite o uso desses recursos — quando descontingenciados — para serviços de voz. Conseqüentemente, o ministério está no processo de elaborar "um plano de metas alternativo paras as concessionárias, trocando a instalação de postos de serviços de telecomunicações (PSTs) por banda larga na escola". Ver *A Rede*, julho e agosto de 2006, p. 26 e 25 respectivamente.
[24] Ver, por exemplo, o projeto e-Brasil (www.e-brasilproject.net), e o livro *e-Brasil: um programa para acelerar o desenvolvimento socioeconômico aproveitando a convergência digital* (www.e-brasil.org.br).

dos serviços transacionais (tarefas realizadas apenas pela internet) que possam ser providos pelo Estado por meios puramente eletrônicos.

- Como o escopo potencial dos serviços ofertados pelo governo eletrônico é muito amplo, deve-se estabelecer prioridades setoriais claras — a exemplo de educação, previdência e segurança — tendo por referência as necessidades da população, os meios disponíveis, e a relação custo-benefício dos esforços.
- Uma Conferência Nacional do Governo Eletrônico deveria ser o fórum de uma discussão ampla e democrática para avaliar o que já foi feito, identificar as maiores necessidades, que rumos seguir, estabelecendo diretrizes, metas e atribuições. O ponto de partida é a realização de um diagnóstico amplo sobre *e-governo* no país, incluindo aferição da demanda dos usuários e a qualidade dos serviços prestados.

Finalmente, o Compromisso de Todos pela Educação recém-lançado, que sintetiza as metas mínimas com que a sociedade deve se comprometer num prazo de 15 anos,[25] deve igualmente ser um Compromisso de Todos pela Inclusão. Assim:

- A primeira meta poderia ser lida como "todas as crianças e jovens na escola *conectada em banda larga e com acesso a dispositivos de baixo custo com portabilidade*".
- A segunda meta se traduziria em "todas as crianças e jovens concluindo os ciclos — básico e médio — *refletindo os quesitos da sociedade da informação*".
- A terceira meta consistiria em que "todas as crianças de oito anos soubessem ler, escrever *e estivessem igualmente alfabetizadas no plano digital*".

---

[25]Esta agenda pede garantia de recursos para educação de modo que até 2022: a) 98% das crianças e jovens de 4-17 anos estejam freqüentando a escola; b) 95% dos jovens na data de aniversário de 16 anos deverão ter completado o ensino fundamental (e destes 90% sem nenhuma repetência), e 90% dos jovens na data de aniversário de 19 anos deverão ter completado o ensino médio (e destes 80% sem nenhuma repetência); c) todas as crianças de oito anos alfabetizadas; d) 95% dos alunos acima do nível básico e 75% acima do nível satisfatório do Sistema de Avaliação do Ensino Básico (Saeb).

- A quarta meta especificaria que o critério de aprendizado — "95% dos alunos acima do nível básico e 75% acima do nível satisfatório — teriam por referência o *novo* Saeb", cujo pressuposto seria a plena inclusão digital dos estudantes.

É importante ressaltar que atingir as metas especificadas, seja no compromisso pela educação ou no que diz respeito à inclusão, não torna o país apto a ingressar na sociedade da informação ou do conhecimento. É simplesmente o *mínimo* aceitável para evitar que mais uma geração seja marginalizada no campo das oportunidades, e permaneça sob risco.[26]

O país estará correndo atrás de uma fronteira em movimento, que ao final de 15 anos (o horizonte previsto pelo compromisso para se atingirem as metas) terá se deslocado de forma muito significativa. Afinal, todas as economias desenvolvidas e emergentes, sem exceção, têm atualmente compreensão de quão crítico é educar e preparar os jovens para um mercado de trabalho menos benigno e mais competitivo do que uma geração passada. Assim, o esforço é generalizado, e parte do reconhecimento de que esta é uma corrida sem "linha e chegada".

CONCLUSÃO

O desafio da inclusão digital — aqui entendido pelo seu cerne, o acesso à internet — não é trivial. O elevado custo dos dispositivos e serviços; a infraestrutura ainda precária; a fragmentação e baixa eficácia das iniciativas para prover pontos de acesso coletivo gratuito; as limitações dos serviços transacionais do governo eletrônico, particularmente aqueles voltados aos mais pobres; e o baixo nível médio de educação, no conjunto conspiram para a exclusão digital de parte considerável da população, e se traduzem num mal posicionamento do país, quando comparado com outras economias emergentes.

---

[26] Alguns fatos da educação no país são, *prima facie*, inaceitáveis. O percentual de alunos reprovados ou que abandonam a escola a cada ano é de cerca de 30%, e em média cada criança leva dois anos para completar uma série, de modo que somente 3,4% dos estudantes cursam da 1ª à 8ª série em oito anos. Ao mesmo tempo, entre 41 países, os estudantes brasileiros aferidos em 2003 tiveram o pior desempenho em matemática, o segundo pior em ciências e o quarto pior em leitura. Ver, por exemplo, *O Globo*, 22/7/2006 (Caderno Especial) e *Valor*, 22-24/9/2006, p. F3.

A exclusão tem razões históricas: por ser fortemente correlacionada com a renda, e dado o nível de concentração desta, não é de surpreender que cerca de 80% da população tenham acesso extremamente limitado ou mesmo nenhum às informações e serviços disponíveis na rede. Na realidade, cálculos preliminares sugerem que o grau de concentração da acessibilidade é maior em cerca de 50% do que a concentração da renda. Neste sentido, da mesma forma que se pode afirmar que o Brasil não é um país pobre, mas injusto, pode-se igualmente estabelecer que o Brasil não é um país carente de recursos digitais, mas extremamente injusto na sua distribuição.

Mais além de raízes históricas, a exclusão digital tem razões de natureza política. A fragmentação das iniciativas, o baixo nível de articulação dos esforços entre diferentes instituições de governo, a competição interburocrática que gera sobreposição de ações e desperdício de recursos, são, em última instância, reflexo da baixa prioridade que governo e sociedade de fato atribuem à concepção, ao desenho e à implementação de um programa de melhoria da educação e da inclusão digital. Apesar das afirmações em contrário, ainda falta compreensão sobre a importância para o futuro do país de se estabelecer os fundamentos da economia do conhecimento — universalização do acesso à informação e educação de qualidade — e a urgência de atribuir a mais alta prioridade política a uma agenda efetivamente transformadora da economia e da sociedade no país.

TERCEIRA PARTE
O PROJETO BRASIL E OS PROGRAMAS DOS CANDIDATOS À PRESIDÊNCIA DA REPÚBLICA

A visão de Heloísa Helena*

*César Benjamin**

---

*Agradeço especialmente ao Ministro João Paulo dos Reis Velloso, um homem que há muitos anos desenvolve esse esforço de manter aceso um debate qualificado sobre o Brasil.
**Coordenador do programa da candidata senadora Heloísa Helena. Economista, candidato à vice-presidente na mesma chapa.

Todos nós temos 20 minutos, tempo muito exíguo, e isso coloca a necessidade de efetuar cortes dramáticos na abordagem. Optei por dar quase um depoimento pessoal, pois estou vivendo uma experiência inusitada: embora tenha uma participação política razoavelmente longa, nunca me expus à condição de candidato. Pela primeira vez fui capturado por essa condição, de maneira surpreendente para mim, ao receber o convite para assumir a posição de vice-presidente na chapa da senadora Heloísa Helena.

As pessoas que me conhecem sabem que sempre fui otimista em relação ao Brasil. No entanto, saio angustiado da campanha, e isso não tem a ver com o resultado eleitoral. Trabalho hoje com a hipótese preocupante de que estejamos nos transformando em um país de vontade fraca. É isso que me deixa mais assustado. Todos nós que estamos nessa sala, e os brasileiros em geral, precisamos nos comprometer com um imenso esforço de repensamento do Brasil.

A crise brasileira é extremamente grave neste início do século XXI. Não é a primeira vez que o Brasil se vê em situações desse tipo. Em outros episódios da nossa história, gerações fizeram esforços de pensamento muito consideráveis, e isso foi decisivo para que o Brasil caminhasse. Muitas questões, que eles enfrentaram, estão recolocadas hoje. Qual é o sentido de existir Brasil? O que nos une? Por que perdemos a capacidade de nos desenvolver? Já são praticamente 25 anos, uma geração inteira nunca viu o Brasil se desenvolver. Não pode ser culpa de um governo, de uma pessoa, de um partido. É preciso decifrar esse enigma!

Que desenvolvimento nos interessa e quanto esforço ele custa? Pois não basta querer o desenvolvimento; é preciso estar disposto a fazer o esforço necessário para merecê-lo. Nós queremos nos autogovernar? Isso pode parecer óbvio, mas não é, porque nos autogovernar tem custos. A pergunta que está implícita aí é se nós estamos dispostos a pagar os custos da opção por nos autogovernar.

Todos temos de fazer um esforço para recolocar questões fundamentais. O Brasil atual procura mais atalhos e contornos do que soluções. Está submetido à tirania de curto prazo. Não vem conseguindo encarar os seus desafios históricos neste início do século XXI.

Trabalhei em programa de governo, como outros aqui, e todos nós temos de olhar muitas questões. Darei apenas três exemplos do que eu quero dizer. A Sonia Rocha fez uma exposição sobre mercado de trabalho. Quero agregar outro dado aos que ela nos mostrou. Desde o ano 2000 até hoje, em seis anos, 64% dos postos de trabalho criados no Brasil pagam até um salário mínimo; 85% pagam até um salário e meio; a partir daí o número decai, e quando chegamos ao limiar de três salários mínimos o saldo passa a ser negativo. Isso quer dizer que em seis anos o Brasil, em termos líquidos, não criou nenhum emprego com rendimentos acima de três salários mínimos. Quando olhamos o Relatório Anual de Informações Sociais (Rais) do Ministério do Trabalho, verificamos que tipo de emprego estamos gerando: há um enorme concentração em empregos domésticos, motoboys, vigilantes e balconistas.

Com todo respeito a essas pessoas, esta é uma informação qualitativa da maior importância para pensar o Brasil contemporâneo, pois indica que nossa economia perdeu a capacidade de absorver trabalho qualificado. Isso, no século XXI, é uma informação dramaticamente importante. Aquelas pessoas que vimos no gráfico que a Sonia Rocha mostrou, que têm 11 anos de escolaridade e estão conseguindo alguns empregos, recebem um salário mínimo. Existe o lado da oferta de força de trabalho e existe o lado do tipo da demanda: nossa economia não demanda mais trabalho qualificado.

Encarar a questão do trabalho qualificado, que é o trabalho que gera maior remuneração, é difícil. Preferimos, então, não encará-la. A nossa resposta à questão da renda é o programa Bolsa Família, que, evidentemente, opera na superfície do problema: fazemos uma distribuição residual e empurramos o problema para frente.

Vamos a um segundo exemplo: infra-estrutura. Participei de dois debates recentes na área de energia. O que se discute hoje é se poderá haver novo apagão em 2009, como diz o Operador Nacional do Sistema (ONS), ou em 2010, como diz o Ministério de Energia, ou em 2011, como dizem os mais otimistas. Isso dependerá inclusive do ritmo de crescimento do Produto Interno Bruto (PIB): quanto menor for o crescimento da economia, mais conseguiremos adiar uma nova crise energética.

Olhemos os transportes. Somos um país de 8,5 milhões de quilômetros quadrados, e 75% da carga que trafega no Brasil, com exceção do minério de ferro, passa por rodovias. A malha rodoviária é um patrimônio nacional de valor inestimável: quase tudo trafega sobre ela. Historicamente, a conservação da malha exige 0,6% do PIB. O governo Fernando Henrique aplicou 0,3%, o governo Lula 0,1%. A malha se deteriorou fortemente. Não estou dizendo isso para fazer críticas a um ou outro governo, não estou aqui preocupado com questões eleitorais. A que questão de fundo isso nos remete? À difícil questão da capacidade de investimento do setor público. Ela é que está por trás da deterioração da infra-estrutura. Mas essa é uma questão difícil, e, justamente por isso, preferirmos não enfrentá-la. No ano de eleições, fazemos uma operação tapa buraco.

Quando olhamos para a educação, vemos uma situação talvez mais dramática. É o meu terceiro exemplo. Houve um avanço importante nos últimos anos, em nível internacional, no desenvolvimento de metodologias de avaliação de sistemas educacionais, que não é uma coisa trivial. De alguns anos para cá, tanto no Brasil quanto no mundo, passamos a ter resultados de diferentes pesquisas de avaliação desses sistemas. Os resultados são coerentes e repetitivos. Trazem a mesma informação: o sistema educacional brasileiro está em colapso. O Ministério da Educação (ME) fez uma avaliação e conclui que 54% das crianças terminam a quarta série do primeiro grau sem saber ler e escrever, que é uma meta que deveria ser alcançada na primeira série. O Indicador Nacional de Alfabetismo Funcional (Inaf) fez uma pesquisa por amostragem, estatisticamente significativa, e encontrou 74% de brasileiros adultos analfabetos funcionais. A Organização para a Cooperação e o Desenvolvimento Econômico (OCDE) fez uma pesquisa em 31 países sobre a qualidade de sistemas educacionais, e o Brasil ficou em 31º lugar. Resultados desse tipo saem, se confirmam uns aos outros, não são questionados, e nós aceitamos conviver tranqüilamente com eles. Não reagimos.

Mais uma vez, estamos diante de uma questão fundamental, que não nos mobiliza: que padrão civilizatório desejamos que o povo brasileiro alcance?

Reparem que não me refiro aqui a uma questão especificamente econômica, de propósito, pois considero que o direito à educação transcende e ultrapassa a dimensão econômica, embora tenha relação com ela. Um povo que constrói para si um alto padrão civilizatório também será capaz de edificar uma economia moderna, pelo simples fato de que esse tipo de economia é uma das expressões de um certo grau de civilização.

A Sonia Rocha falou aqui sobre o segundo grau. O Márcio Pochman tem um trabalho muito interessante, em que ele pega a situação atual do ensino médio no Chile e se coloca a seguinte questão: qual teria de ser o esforço do Brasil para, em 10 anos, atingir a posição do Chile hoje? Reparem que a meta do Pochman não é lunática: ele pegou um país sul-americano (o PIB do Chile é igual ao PIB do Estado do Rio de Janeiro), um país pobre, e falou em alcançá-lo em médio prazo... O resultado a que chegou é o seguinte: para ser um Chile no ensino médio, em 10 anos, o Brasil teria que criar 5,7 milhões de novas vagas, formar 510 mil professores, constituir 120 mil turmas e construir 49 mil salas de aula.

Nenhum candidato seria capaz de dizer que fará isso, nem em um nem em dois mandatos. Esses números soam monumentais. Situam-se fora do nosso horizonte de expectativas. Mas precisamos dizer claramente: estamos falando do mínimo. Não é menos do que isso que o Brasil tem de fazer... para ser um Chile daqui a 10 anos!

Dei esses exemplos para sugerir uma hipótese perturbadora: nós nos transformamos em um país de vontade fraca. Construir uma nação é muito difícil. Demanda um esforço extraordinário. Só se constroem as nações que se dispõem a enfrentar esse tipo de desafio: capacidade de investimento em alto grau, qualificação do trabalho, formação de centenas de milhares de professores. Desenvolver-se é fazer isso em larga escala! Nós perdemos essa perspectiva. Debatemos ninharias, insignificâncias, falsificações.

Estamos terminando uma campanha eleitoral em que, como regra geral, o povo é infantilizado e os candidatos disputam quem é capaz de fazer mais caridade. Os candidatos tentam cativar os eleitores, mostrando que os problemas individuais de cada um serão atendidos, o que só nos distancia da idéia de um projeto.

Eis o meu desabafo: não estou vendo onde está o ponto de Arquimedes para colocar a alavanca do desenvolvimento brasileiro. Nosso debate intelectual está frágil, nosso sistema político passa ao largo das questões relevantes e é incapaz de sustentar, no tempo, decisões coerentes. O Brasil perdeu aquilo que Keynes chamava o "espírito animal" — *animal spirits*, quer dizer, a vontade.

Lembro-me agora da tese que Inácio Rangel defendeu na Comissão Econômica para a América Latina (Cepal) em 1954, exatamente sobre o desenvolvimento brasileiro. Ele começa dizendo mais ou menos assim: "O desenvolvimento é mau para os povos que decidem por ele. Ninguém pense que um processo de desenvolvimento é fácil, é uma brincadeira! Só os povos que, em certo momento da sua história, se dispõem a pagar um alto preço, a fazer grande sacrifício e grande esforço, têm direito ao desenvolvimento." Acho que foi essa a capacidade que perdemos.

Saio dessa campanha angustiado. No sistema político brasileiro atual, forças de natureza supranacional, representantes dos rentistas, controlam o Ministério da Fazenda e o Banco Central, e com isso comandam as políticas monetária, fiscal e cambial, e o orçamento da União. Forças de natureza subnacional se expressam no Congresso: temos lá a bancada do agronegócio, a bancada das escolas privadas, a bancada da construção civil — não me refiro às bancadas dos partidos, que são ficções. A política brasileira é um permanente acordo entre esses dois níveis, o supranacional e o subnacional. Os elementos supranacionais comandam, mas pedaços do Estado brasileiro são dados em concessão a forças subnacionais. O povo pobre, que vota a cada quatro anos, recebe políticas compensatórias e tem-se mostrado acomodado a elas.

Minha angústia é: quem defende os interesses da nação? Os interesses dos rentistas estão muito bem defendidos. Os interesses dos *lobbies*, das corporações subnacionais, também se expressam e obtêm êxitos. O povo pobre não está completamente esquecido. Mas, e os interesses estratégicos da nação? Quem os garante? Hoje, infelizmente, ninguém.

É preciso desfazer a confusão entre política e caridade. Eu não quero que o governo brasileiro faça caridade. Quero que o governo brasileiro ajude a construir uma nação. São coisas completamente diferentes.

A visão de Cristovam Buarque

*Cristovam Buarque**

---
*Senador (DF). Coordenador de seu próprio programa de candidato à Presidência da República.

QUERO DIZER QUE, além de ser de fato o coordenador do meu programa, vim aqui por outra razão. Pelo respeito que tenho por este cenário, do qual já participei em outras ocasiões como conferencista. Vim também por ter sido convidado pelo ministro Velloso e por Roberto Cavalcanti, por quem tenho enorme gratidão. Apesar de parecer mais moço do que eu, ele foi meu professor quando migrei da engenharia para a economia. Além disso, vale a pena provocar o debate, sempre que possível com a presença do candidato.

Fiquei muito impressionado com a exposição do César Benjamin. Compartilho totalmente da sua angústia, e acho que deveríamos marcar um encontro para o dia 2 de outubro. De qualquer maneira, tenho uma proposta. Luto para manter o otimismo, no meio dessa angústia, e analiso a realidade brasileira a partir do pressuposto de que estamos atravessando um campo minado. Ao mesmo tempo, estamos espremidos entre dois muros que nos impedem de dar o salto que desejamos. E ainda sofremos da falta de vontade, da indecisão, da falta de algo que nos una, como disse o César Benjamin.

O campo minado, todos nós sabemos. Todos os nossos problemas — o orçamento a ponto de explodir, a violência que toma conta de todas as cidades, a Previdência, a taxa de juros, o crescimento que não chega, o desemprego. No meu programa de governo há mais de 40 dessas minas que o próximo governo terá de desarmar. Estou de acordo com o César. As propostas apresentadas pelos principais candidatos para desarmar essas bombas são apenas pequenos ajustes — ele usou uma expressão mais forte ainda — não vão mudar o país. Por causa dos dois muros que nos impedem de avançar: o muro da desigualdade e o muro do atraso. Esse muro já nos dividia assim durante o período da escravidão, só que hoje não é mais por raça, porque se vocês olharem ao redor a questão racial continua sendo um problema. Eu vejo ali a Benedita e mais duas ou três pessoas de cor negra nesta sala, e não é por preconceito. É por causa da exclusão social que este país herdou do período da escravidão.

Mesmo não considerando o lado racial, esse é um país de dois pedaços separados, como a gente viu no caso da inclusão e da exclusão digital — a qual, aliás, é uma das bombas que precisamos urgentemente desarmar. Este é um país dividido, e não terá futuro enquanto for um país dividido! Sem futuro e sem projeto de nação, já que o projeto é apenas um ajuste. Este é um país proclamou sua República e escreveu Ordem e Progresso na bandeira, quando 70% da população não sabia ler. Mesmo assim, colocou um texto escrito na bandeira, ou seja, tornou-se uma república para 30% das pessoas. Precisamos derrubar esse muro.

Mas além desse muro interno, há o muro que nos separa dos países desenvolvidos, o muro do atraso. Não conseguimos nos aproximar do Chile; não só não conseguimos, como ainda estamos longe do Chile! Quarenta anos atrás, estávamos na frente da Coréia, mas hoje não conseguiremos alcançá-la. Trinta anos atrás, estávamos na frente da Irlanda, próximos da Espanha e de Portugal; hoje já não os alcançamos. Dez anos atrás, estávamos na frente do México, e ele já está à nossa frente. Dentro de cinco anos, estaremos atrás da Colômbia, em matéria de educação, desigualdade e de segurança, porque excluindo o problema da guerrilha, a Colômbia é mais segura do que o Brasil. Nós temos que derrubar o muro da desigualdade.

O que me deixa ainda otimista é a minha certeza de que o único caminho para derrubarmos esse muro é uma revolução na educação. Não vejo outro! Há alguns anos, o caminho seria uma revolução na economia; hoje, ninguém acredita na possibilidade de uma revolução na economia. Um dia, a inteligência humana vai fazer uma sociedade que não precise de patrão e empregado. Estou certo de que o homem que foi à lua também será capaz de prescindir dessa estrutura social capitalista. Mas esta não é uma questão para o nosso tempo, talvez para nossos filhos e netos; além disso, não é o ponto fundamental! A desigualdade de hoje não está entre os que têm e os que não têm renda, ela está entre os que têm e os que não têm conhecimento. O bom engenheiro bem formado de uma fábrica tem o mesmo padrão de vida que seu patrão, embora não tenha o mesmo patrimônio. Passa férias no mesmo lugar, os filhos estudam em colégios iguais, o modelo do carro é o mesmo. A mais-valia foi substituída pela mais-sabedoria. É a falta de oportunidades iguais que constrói o muro da desigualdade. A desigualdade é o resultado da falta de oportunidades, da falta de acesso ao conhecimento. Por isso precisamos de uma revolução na educação agora. E uma revolução demanda mais do que um Fundo de Manutenção e Desenvolvimento do Ensino Fundamental e de Valorização do Magistério (Fundef), mais do que simplesmente dinheiro adicional. O que realmente precisamos saber é como utilizar esse dinheiro para desenvolver os neurônios das nossas crianças, e há um longo caminho entre o dinheiro e os neurônios.

Precisamos fazer uma revolução na educação de base, uma revolução de fato, como outros países já fizeram. Essa revolução na educação de base — combinada com o apoio necessário ao ensino superior e aos grandes centros de ciência e tecnologia — vai permitir a derrubada do muro do atraso. Não é falta de capital que impede o Brasil de dar um salto e se tornar uma nação desenvolvida. Esse capital já está globalizado, e virá. Ele ainda não veio porque não temos gente com capacidade, como falou a Sonia, não vem porque não temos estabilidade, não temos segurança nas ruas, porque nossas regras jurídicas mudam a cada dia. Se conseguirmos desarmar essas bombas, para que não explodam, se conseguirmos combater os problemas imediatos — o orçamento, a estabilidade monetária e de regulamentação, a segurança, o conhecimento — se a gente desarmar essas bombas e fizer a revolução na educação, conseguiremos sim dar o salto.

Mas isso não vai acontecer em 10 anos, vai demandar mais tempo, de 15 a 20 anos. E é por isso que minha proposta não tem apelo eleitoral, ainda mais consideramos que vivemos num país dividido em corporações e dominado pela visão imediatista. Tenho absoluta consciência disso, como tenho consciência de que meu papel como candidato é deixar claro que a revolução é, sim, possível. E que o ponto central dessa revolução é o que eu chamo de federalização da educação. Isso não significa centralização, ao contrário, eu defendo a descentralização educacional, acho que é possível uma escola pública que pertença aos pais e aos professores em cooperativa, e o resto os prefeitos gerenciam. Significa, isto sim, o estabelecimento de padrões nacionais: padrão de salário e formação do professor, padrão de conteúdo do que é ensinado, padrão mínimo de edificações e equipamentos em cada escola.

Para atingirmos esses três padrões em todas as 160 mil escolas do Brasil, precisaremos definir metas. É impressionante que o Brasil tenha metas para tantas outras coisas, mas não tenha nenhuma meta para a educação. E também de uma Lei de Responsabilidade Educacional para prefeitos, governadores e presidentes: não cumpridas as metas para a educação, pela lei o responsável fica inelegível. É como a Lei de Responsabilidade Fiscal.

Para realizar essas metas, vamos precisar de mais dinheiro, não muito nos primeiros anos. Se hoje investirmos muito dinheiro na educação, ele vai se perder, pois não temos professores formados para contratar, não temos como colocar computadores em todas as escolas, porque não temos quem saiba usá-los e porque não há segurança para evitar que sejam roubados. A revolução educacional vai caminhar a um passo seguramente mais lento do que gostaríamos, por razões físicas — não por razões sociais, culturais ou financeiras.

Hoje, precisaríamos de R$ 7 bilhões, que significam míseros 1% do orçamento, ou 1/5 do total da renúncia fiscal, 1/4 do lucro anual das nossas estatais, quase nada se comparado ao que pagamos de juros, uma insignificância se comparamos com os gastos da Previdência. Ou seja, dá para fazer. Mas então, o que falta? Falta capacidade de união, falta visão de futuro, falta uma perspectiva de nação.

É muito comum ouvirmos as pessoas falarem de recursos, dizerem que o cobertor é curto. Eu sempre digo que cobertor é curto para as famílias desunidas; para um casal apaixonado, quanto mais curto for o cobertor, melhor. Nosso problema é que não estamos apaixonados pelo Brasil. Perdemos a capacidade — se é que já a tivemos — de nos apaixonar pelo país, pela nação, pelo projeto de povo, até porque eleitorado não é sinônimo de povo. Eleitorado é uma soma de indivíduos pensando no dia de hoje; povo é uma entidade abstrata e coletiva, permanente, e nós não sabemos como transformar a soma de eleitores na representação do povo.

Aí está a grande contradição. Para sermos um povo, precisamos de educação; para termos educação, precisamos ser um povo. O que me deixa otimista, ante essa contradição, é que estamos chegando a um ponto sem saída. Ou implantamos explicitamente o *apartheid* social e assumimos que o Brasil pertence a 30%, e ignoramos os outros, ou oferecemos um caminho para incorporá-los. Mas no mundo de hoje, decretar um *apartheid* explícito é difícil e complicado, por causa do custo da segurança, da vida em condomínios fechados, tendo entre os guardas representantes dos próprios excluídos. Talvez estejamos chegando ao ponto do grande salto, da busca de uma mudança radical.

Não dá mais para garantir os privilégios dos poucos que estão no topo da pirâmide social! Para enganar os direitos dos que estão nas faixas de baixo, a Bolsa Família ajuda, é verdade, mas não por muito tempo, porque as pessoas vão querer algo mais. É só questão de tempo. Os filhos das famílias de Bolsa Família vão querer mais. A revolução que minha candidatura oferece, e que faço questão de defender, é a revolução da educação, não vejo outra possibilidade.

Na contracapa do meu programa de governo estão alguns *slogans* que foram famosos no Brasil — "O petróleo é nosso", "Abaixo a ditadura", "*Impeachment* já", "Diretas já". Agora, o grande *slogan* da juventude deveria ser "Educação já". Se a gente conseguir unir a população brasileira, especialmente os jovens, em torno desse *slogan*, conseguiremos fazer uma revolução na educação brasileira, uma convergência educacional, em que a discussão será "precisamos gastar esse dinheiro em educação, de onde vamos tirar?". E não é só o dinheiro, é exigir do professor a educação, porque pagar salários altos a professores que não se dediquem é uma espécie de Bolsa Família do magistério, não vai resolver. E colocar professores dedicados, competentes e bem remunerados trabalhando sem condições, sem equipamentos e em prédios ruins também não vai resolver. Temos de fazer uma opção, e se demorarmos muito será tarde, nós nos tornaremos uma nação marginal, uma nação em que o muro interno que separa pobres de ricos vai ficar ainda maior, e o muro externo que nos separa dos países desenvolvidos será ainda mais difícil de ser derrubado.

Eu tenho muita esperança de que descobriremos isso. Não em 2006, não em 2010, mas não vai passar da segunda década deste século. Se não o fizermos, a revolução vai ser provocada por alguma grande catástrofe social, pela catástrofe da fome e da miséria de milhões de excluídos, mantidos apartados pelo muro da desigualdade, no dia em que o crime organizado se unir aos pobres e excluídos, no dia que as bombas do Primeiro Comando da Capital (PCC), a Organização Criminosa de São Paulo, se unirem às bombas silenciosas dos estômagos dos pobres. Vai acontecer em algum momento, por isso devemos escolher entre um pacto social, uma convergência — que eu defendo que seja pela educação — ou a grande catástrofe de uma rebelião generalizada, de um genocídio explícito.

Sou candidato, acredito que vale a pena ser candidato — pela democracia e pela chance única que tenho de falar para 100 milhões de eleitores, mesmo que eles não me ouçam. E porque o melhor que posso fazer da minha vida hoje é defender essa causa. Essa é a principal razão pela qual eu vim aqui: falar, debater, tentar convencer. E eu só tenho a agradecer a cada uma e a cada um de vocês.

A visão de Luiz Inácio Lula da Silva*

*Marco Aurélio Garcia***

---
*Sem revisão do autor
**Coordenador do Programa do presidente Luiz Inácio Lula da Silva, candidato à reeleição. Chefe da Assessoria Especial da Presidência da República.

TODOS AQUI ACOMPANHARAM, talvez com muito mais força do que eu, e com muito mais freqüência, essa série de Fóruns que há anos vêm se desenvolvendo e que têm constituído um espaço privilegiado e plural, democrático portanto, de reflexão sobre o Brasil.

Acho que é de grande importância, sobretudo, que nesse Fórum Especial, que nós possamos escutar algumas palavras que haviam sido banidas durante um longo período do vocabulário político brasileiro, tais como: desenvolvimento, estratégia, projeto nacional. Questões que estiveram, durante um longuíssimo período, postas à margem e foram consideradas como peças de museu, muito mais como peças de uma arqueologia política do que concretamente como instrumentos, ferramentas essenciais para pensarmos o nosso país.

Gostaria de ter feito uma leitura mais minuciosa, detalhada do documento que nos foi apresentado. Não o li integralmente. Entre a Bolívia, as Nações Unidas e os últimos acontecimentos, efetivamente tive de fazer uma leitura muito mais superficial. Creio, de qualquer maneira, que ele será, para quem quer que seja, governo ou oposição, um insumo importante — como de resto tem sido toda a literatura que este Fórum tem produzido — para que não só pensemos o país, mas sobretudo para que tratemos de mudar esse país. Porque, se há algo que parece que é consensual entre nós, ainda que os enfoques sejam diferentes, é que esse país precisa de mudanças. Acreditamos que há mudanças em curso, mas sabemos e desejamos que elas ganhem intensidade e uma qualidade maior.

Vou, a partir das propostas que o documento me faz, falar-lhes com absoluta franqueza. Serei econômico sobre temas ideológicos gerais, vou tentar falar de questões de natureza política e talvez faça uma pequena digressão, não tão política, mas, digamos, ideológica, quando trata de um aspecto particular que, a meu juízo, ocupou grande parte das intervenções daqueles que me precederam e com as quais eu tenho uma diferença importante.

Por que é importante um debate sobre desenvolvimento? Por que é importante um debate sobre um texto que põe a questão do crescimento econômico no centro da nossa reflexão? Em primeiro lugar, porque nós, hoje, vivemos em um país onde as últimas gerações, (e isso o documento diz de forma muito contundente), talvez uma ou duas gerações já não tenham vivido concretamente sob a égide do desenvolvimento, aquele desenvolvimento que marcou o Brasil, *grosso modo*, durante cinco décadas, de 1930 até 1980. Mas o desenvolvimento, evidentemente, não deve ser celebrado acriticamente. Deve ser entendido, analisado, porque, a despeito de nos termos projetado de uma forma extraordinária, como um país com grandes virtualidades, com grande potencialidade, ele foi ao mesmo tempo um tipo de desenvolvimento, de crescimento, se quisermos ser mais estritos do ponto de vista conceitual, que esteve marcado por algumas perversões muito grandes.

Primeira delas, evidentemente, foi a concentração de renda, e isso é importante para entendermos o Brasil de hoje. O Brasil de hoje não surgiu de uma hora para outra, por obra de um governo ou por um descuido de outro, ele é a continuidade de um longo processo e, mesmo quando o país cresceu, mesmo quando se tratou de modernizar, o fez a partir desse processo extraordinário de concentração de renda.

A segunda perversão foi a concentração de poder. Pensemos o que foram as cinco décadas que aqui mencionei, o período que vai de 1930 até 1980, e o analisemos, ano por ano. Vamos ver que mais da metade desse período histórico transcorreu sob regimes de exceção. E quando democracia houve, essa democracia foi extremamente mitigada, porque, entre outras coisas, excluía grande parte do povo brasileiro das decisões que efetivamente poderiam conduzir a mudanças de natureza social e institucional.

Em terceiro lugar, e para entrar em um tema que tanto nos ocupou aqui, foi também um desenvolvimento, ou crescimento, foi também marcado pela concentração de conhecimento, o que produzia uma pequena elite, esta sim possuidora de um conhecimento muitas vezes sofisticado, enquanto a enorme maioria da população brasileira vegetava no analfabetismo, na ignorância. E isso não é um elemento irrelevante.

A despeito de tudo isso, sou profundamente otimista. Acredito que há nesse país forças sociais, a despeito da crise do pensamento social — crise do pensamento social brasileiro, que é um reflexo da crise mundial do pensamento —, a despeito de tudo isso, há um entendimento de que nós temos de realizar uma gigantesca tarefa. Gigantesca não só pela sua magnitude, mas pela sua complexidade histórica.

Temos, no Brasil, de resolver problemas pendentes do século XIX, problemas pendentes do século XX, e também aqueles que foram aqui tratados, talvez como prioridade, que são os problemas do século XXI. Mas temos de ter claro o seguinte: se quisermos resolver só um deles, não vamos para frente. Ou vamos produzir um vanguardismo extraordinário, que deixará uma herança de atraso considerável, ou vamos ficar prisioneiros do passado, tentando resolver problemas do século XIX e do século XX, sem nos darmos conta de que muitos deles têm de ser resolvidos a partir dos desafios do presente.

Essas são questões fundamentais. Eu sempre penso nesse desafio como o daqueles homens que, no circo, tentam girar um primeiro prato, um segundo prato, um terceiro prato, e quando vão para o quarto prato o primeiro já está parando, e eles são obrigados a voltar e ficam prisioneiros daquela dinâmica infernal de enfrentar um conjunto de tarefas simultâneas.

Evidentemente, o discurso que eu faço é diferente daqueles que me antecederem. E, seguramente, do que fará o João Carlos Meirelles, por uma razão muito simples: todos aqui estão na condição em que eu estive durante 20 anos, na oposição, e o discurso da oposição, não por nenhuma malandragem, não por nenhum problema epistemológico particular, é um discurso distinto do discurso de quem está no governo. O discurso de quem está no governo é um discurso que deve fundar-se, basicamente, na análise da experiência realizada, na análise autocrítica, mas também na convicção de quais são os instrumentos a partir dos quais as transformações podem ser desenvolvidas.

Não acho que estejamos em um país de vontade fraca, e vou dizer mais adiante por que não acredito nisso. E também acho que devemos ser muito cuidadosos nas nossas comparações, é uma lástima que o Cristovam Buarque não esteja aqui. A comparação com o Chile, se ela é destacada do contexto histórico da evolução do Chile e do Brasil, não nos serve para nada. O Chile foi um país que se ocupou da educação no começo do século XX, ou mesmo antes, talvez, e, como a Argentina, fez uma grande revolução educacional.

Enquanto isso, submetíamos a imensa maioria da população brasileira a um estado de ignorância. Hoje, nós todos aqui, sobretudo os que temos uma idade parecida com a minha, celebram as virtudes da escola pública na qual todos estudamos e que era de tão boa qualidade. Só que nós nos esquecemos de dizer que era uma ou duas escolas públicas em cada cidade, e que, portanto, elas correspondiam concretamente ao acesso oferecido a uma pequena elite, e somos parte dessa elite. Então não vamos tirar sorte entre ciganos, vamos entender concretamente que essas mazelas do nosso país têm história e vão exigir para nós, sem dúvida nenhuma, vontade, determinação, indignação, impaciência. Mas vão também exigir paciência, vão exigir também conhecimento, e vão exigir também que estejamos por dentro dos grandes temas que afetam completamente o funcionamento da política no país e, basicamente, do Estado.

No documento há um elemento importantíssimo, sobretudo quando trata da questão do desenvolvimento. É quando o texto assinala a necessidade de que nós atinjamos novos patamares de desenvolvimento. E novos patamares significam algo mais ou menos como os regimes para emagrecer. Se você não passa por um determinado patamar — e eu não sou uma autoridade no assunto —, se não baixamos a um patamar a partir do qual decidirmos que vamos emagrecer, esse emagrecimento nunca se dará.

Na escala ascendente, o desenvolvimento é a mesma coisa. Se nós ficarmos no dois, no três, no três e meio, vamos ficar girando em torno disso. Então é necessário, absolutamente importante, a partir de um determinado momento, passar para o patamar cinco ou para o patamar quatro e meio, para que possamos sonhar que chegaremos ao sete, e depois, mais adiante, a um outro patamar. Esse tema é relevante, é importante.

Agora, é um tema que não pode ser resolvido exclusivamente na base da vontade. Seria ótimo, porque vontade, acredito, todos têm, todos os candidatos, todos os políticos têm vontade e têm, inclusive, instrumentos intelectuais e base social para fazê-lo. O problema é que nos nos vimos confrontados, no limiar do século XXI, com as dramáticas experiências que enfrentamos em outros países, no nosso em particular e nos países da região, que em determinados momentos tinham os grandes crescimentos e tinham o desequilíbrio macroeconômico. Em outros momentos, tentou-se o equilíbrio macroeconômico e então chafurdamos numa crise de estagnação muito grande, com efeitos sociais muito profundos.

Não estou aqui celebrando a política econômica que o nosso governo fez, ou que outros governos fizeram, nem criticando todos os governos que trataram de fazer. Estou simplesmente chamando a atenção para que hoje, na equação para enfrentamento da política econômica, sem dúvida nenhuma, precisamos de crescimento muito mais forte do que aquele que temos e que possa nos ligar àquela tradição dos 50 anos que mencionei, quando nós crescemos a uma média de 6,7% por ano.

Mas, ao mesmo tempo, temos de observar que esse crescimento não pode ser um crescimento com concentração de renda. Ao contrário, tem que ser com distribuição de renda, e devemos ter em mente que a distribuição de renda não é somente conseqüência, é, inclusive, um dos fatores desse crescimento. E, por outro lado, também aprendemos com o passado que esse crescimento terá que se fazer com equilíbrio macroeconômico, como garantia de suas condições de financiamento. O desenvolvimento tem que ter os seus pressupostos de financiamento, que não teve no passado, no período desenvolvimentista, quando muitas vezes chafurdamos no endividamento externo intenso ou em uma inflação não menos intensa. E, em todos os casos, é preciso que esse desenvolvimento se faça também reduzindo consideravelmente a vulnerabilidade externa.

Para isso, há uma série de desafios que foram colocados aqui. Entre eles, a questão das políticas industriais, da política de inovação, da discussão específica sobre qual é a vocação brasileira. Nós não vamos ter uma política de inovação qualquer, não vamos ser a Coréia, vamos ser um país diferente, e contamos com rubricas específicas nas quais temos uma competitividade extraordinária, como é o caso da energia, dos recursos bio-renováveis, que nos permitem não só enfrentar os temas energéticos, mas também construir uma nova cadeia produtiva a partir desses biocombustíveis, no âmbito do que seria uma petroquímica, uma bioquímica e assim por diante.

Nós temos políticas regionais, penso ser importante que o documento assinale as especificidades da contribuição que o Nordeste e a Amazônia podem dar nesse processo de inovação, e temos, evidentemente, um tema crucial, que é o das políticas sociais. Ele se desdobra em várias rubricas, mas eu destacaria duas delas. Primeiro, aquelas políticas sociais que têm um caráter mais tradicional, entre as quais estão as políticas de saúde, de educação, as políticas previdenciárias. Nesse particular, quero dizer que, a meu juízo, o documento está aquém dos temas de hoje. Eu acho que as receitas que são colocadas aqui fazem parte daquilo que muitos chamaram de Agenda Perdida, e penso que ela deveria ficar, a meu juízo, definitivamente perdida, para que ninguém ousasse trazer essas receitas de novo ao debate, pois correspondem basicamente a uma visão de que o grande problema que nós temos é o problema da redução do gasto. Não que essa questão não seja importante, mas não me parece ser a grande questão, eu acredito que ela nos mergulharia uma vez mais em uma situação de dificuldade.

E quero também mencionar o tema, obviamente, do Bolsa Família, que é, simplesmente, um nome distinto para Bolsa Escola, vamos ser claros. O Cristovam Buarque não está aqui, mas quando o vejo estabelecer uma diferença entre o Bolsa Escola e o Bolsa Família, digo que essa diferença é puramente conceitual, porque todos os pressupostos e exigências que constam do Bolsa Escola constam igualmente no Bolsa Família. Reduzir este último a uma política puramente assistencialista me parece, em primeiro lugar, desconsiderar o estado real de gravidade social pela qual este país passava, e acreditar que nós teríamos condições em quatro, em oito ou em 12 anos, de constituir políticas sociais e econômicas que pudessem dar conta do estado de abandono e degradação social do país. Proponham concretamente para aqueles que hoje recebem esta caridade, entre aspas, proponham: esperem 10 anos, 12 anos que nós vamos formular políticas educacionais e outras, de natureza diferente, para resolver o problema de vocês.

Por outro lado, é importante, inclusive, entender — isso os economistas sabem perfeitamente —, que mesmo aqueles que são extremamente críticos da política do governo sabem que essa transferência de renda (porque disso se trata) é uma medida de política de Estado de bem-estar. Essa transferência de renda que se operou através do Bolsa Família foi um dos elementos importantes que permitiram que a economia brasileira, quando teve de fazer aquele ajuste, que em alguns casos foi feito com certo exagero, com certa ortodoxia e sobretudo cercada de uma linguagem conservadora, tal elemento foi o que permitiu que o país não ficasse paralisado, criasse uma dinâmica de mercado de bens de consumo de massa, que é uma das questões fundamentais para que este país possa avançar.

E penso que nós temos, por trás disso, um problema mais importante. Por trás de algumas qualificações que existem em torno dessa política social, me parece haver um tema maior — o tema da democracia, que está colocado neste documento. Então, eu acho que ocupa algum lugar que tem de ocupar. Questões ligadas à reforma do Estado obviamente são importantes, acho que há pontos de coincidência, pontos de diferença. É fundamental a idéia de que nós precisamos republicanizar o Estado brasileiro, que deixou de ser republicano.

A reforma política, em função inclusive dos acontecimentos do último ano, se colocou em um patamar de consenso nacional, e tenho impressão de que talvez seja possível, em torno dela, agregar um conjunto de forças muito grandes. Seria ótimo que todos os partidos, todas as forças políticas abrissem mão de parte das suas reivindicações para que pudéssemos ter um avanço, ainda que fosse parcial, na questão da redemocratização do sistema político brasileiro. Acredito que esse será um presente e o governo se penitencia profundamente de não tê-lo feito, porque teria uma incidência extremamente positiva, inclusive sobre as suas próprias bases políticas.

Há um outro elemento importante, que também me parece fundamental: nessas duas últimas décadas, se operou, pouco a pouco, a formação de um espaço público no Brasil. Hoje em dia, todos aqueles que se ocupam de políticas sociais sabem perfeitamente que elas não podem mais vir de cima para baixo, aplicadas de cima para baixo, sem que se estabeleça uma interlocução muito forte com a sociedade. Isso é válido para as políticas educacionais, de saúde, enfim, um conjunto de outras iniciativas, e não só no âmbito federal, mas também nos âmbitos dos estados e municípios.

Finalmente, queria mencionar uma questão, que, essa sim, me incomoda profundamente. Aqui cada um tem o seu incômodo e vou dizer qual é o meu. O meu incômodo é diante de determinadas considerações que hoje nós temos sobre a crise política, e, basicamente, a crítica da política de massas. Eu quero dizer que é o único ponto do documento que a mim me causou uma certa dificuldade, porque aqui se diz "explosão do processo de política de massas e freqüentemente massas desenraizadas, por terem vindo do interior ou não ter emprego. O indicador: em 1945, na primeira redemocratização o Brasil tinha 7,4 milhões de eleitores, 16% da população. Atualmente são cerca de 128 milhões de eleitores (quase 70% da população). Explosão talvez nunca vista em outro país". E aí vem uma frase que, a meu juízo, é absolutamente complicada. "É lição, inesquecível, dos problemas criados pela política de massas na Europa, no período entre as duas guerras — o nazismo na Alemanha, fascismo na Itália."[1] Eu sempre pensei que a política de massas fosse um fator de democratização das nossas sociedades e que, portanto, nós pudéssemos entender, entre outras coisas, processos recentes de democratização da nossa América do Sul como expressão concreta dessa emergência das políticas de massa.

O corolário disso tem sido uma espécie de desqualificação do povo, o povo tem sido muito desqualificado, ele tem sido desqualificado porque ele é supostamente comprado pelo Bolsa Família, supostamente comprado pelas migalhas do poder, supostamente inconsciente dos interesses da nação, e é reduzido à sua condição — para retomar aquela velha dicotomia hegeliana que o marxismo vulgar tanto celebrou —, de classe em si e não de classe para si. E, evidentemente, a única maneira de tirar a plebe rude desse estado de ensimesmamento em que se encontra é o pensamento iluminado, o pensamento que virá dar qualificação maior a esse tipo de intervenção.

Vejam bem, eu acho que temos um extraordinário déficit de reflexão sobre o Brasil, e nisso estou totalmente de acordo com o que o César colocou aqui. Não surgem, ou não surgiam, pensadores — como, nos anos 1930, Gilberto Freire, Sérgio Buarque, Caio Prado Júnior, ou mais tarde Celso Furtado, Raimundo Faoro e tantos outros — que tiveram essa capacidade de oferecer alternativas abrangentes para o país. Agora, o país não vive simplesmente dessas iluminações, o país vive da forma pela qual os intelectuais são capazes de captar as mudanças que a sociedade está colocando. Esse não é déficit dos que estão embaixo, é déficit daqueles que deveriam pensar o que o país está vivendo.

Então, nesse particular, eu só diria, para concluir, que aqueles que perguntam de quem será esta terra eu digo: "Ela será daqueles que a constituem, do povo brasileiro que está cada vez mais ungido da condição de cidadania, e que oxalá nós tenhamos a capacidade de oferecer, através de políticas sociais, entre elas sem dúvida nenhuma a política educacional, como elemento essencial à condição de plenos cidadãos. Esse Brasil tem um potencial extraordinário."

Concluo simplesmente mencionando um fato que a legislação eleitoral não permitiu que fosse difundido. Este ano realizou-se pela segunda vez neste país uma coisa chamada Olimpíada de Matemática. Nessa Olimpíada quantos participaram? Dezesseis milhões de jovens, e entre esses 16 milhões, os organi-

---

[1] O autor se refere a trecho da versão a ele enviada antes do Fórum Especial de 21 de setembro de 2006, e que não mais existe na versão constante deste livro (nota dos Coordenadores).

zadores descobriram que 30 mil são pessoas extremamente dotadas. Essas pessoas estão hoje sendo beneficiadas com bolsas de estudo, e muitas delas, inclusive as de tenra idade, são guindadas a institutos de alta reflexão e alta pesquisa matemática. Isto significa, concretamente, que este país está precisando ser mais descoberto por suas elites, pelos seus governos, e que ele não conhece efetivamente o enorme potencial que nele existe. Se não for assim, é provável que muitos de nós estejamos freqüentando brasis diferentes.

A visão de Geraldo Alckimin

*João Carlos de Souza Meirelles**

---

*Coordenador do programa do candidato e ex-governador Geraldo Alckimin. Ex-secretário de Desenvolvimento Científico e Tecnológico do governo de São Paulo.

APRESENTAREI AS OPÇÕES de desenvolvimento do Brasil a que chegamos ao elaborar, em conjunto com pessoas do país inteiro, o Programa de Governo do candidato Geraldo Alckimin, o que acabou se transformando em um Plano Nacional de Desenvolvimento, com que o Brasil não conta há muito tempo.

Quando fizemos o programa, pensamos o futuro do Brasil menos do ponto de vista da crítica do que está feito e mais do que precisamos fazer para efetivamente construir um novo país, o país que queremos.

Vou convidar o leitor a andar um pouco comigo por estes brasis. Sou sertanejo, construo cidades nas fronteiras brasileiras e conheço bem a brutal vibração do povo brasileiro. Essa realidade fabulosa do povo é que nos dá a convicção que este país tem realmente um futuro. E é ela também que nos enche de responsabilidade ao esboçarmos respostas para as angústias do povo em relação a seu futuro e ao futuro do Brasil.

Nosso programa foi ancorado também em uma crença profundamente democrática de que nada pode ser feito sem que se tenha o consenso da nação — não a unanimidade, privilégio das ditaduras, mas o grande consenso da nação e o profundo respeito pelos diferentes pensares. Podemos — e devemos — divergir na abordagem de temas, mas temos de convergir em relação às preocupações mais profundas com o futuro do nosso país.

O programa de governo do candidato Geraldo Alckimin foi constituído a partir de uma rapidíssima síntese histórica dos últimos 50 anos. O que nós fizemos nesse país a partir do momento em que a minha geração foi para a rua e eu, por exemplo, construí na frente da Escola Politécnica da Universidade de São Paulo a primeira torre simbolizando "O petróleo é nosso". E seguimos para uma série de outras lutas mostrando o Brasil que queríamos.

O presidente Getúlio Vargas começou um grande processo de transformação do país com a Siderúrgica Nacional, com o Banco Nacional de Desenvolvimento Econômico — BNDE (o "S" de "Social" veio anos depois — BNDES), com a Petrobras. Em seguida, o presidente Juscelino Kubitschek constituiu as grandes bases do desenvolvimento industrial brasileiro. Só que ele fez muito mais e isso não tem sido considerado adequadamente. Ele redescobriu o Brasil.

O Brasil vivia no litoral, no máximo a 500 km do mar. Antes do Juscelino, se nós quiséssemos ir do Rio de Janeiro para Cuiabá, tínhamos que ir de navio a Buenos Aires, tomar um barco e subir o rio Paraguai até Cuiabá. Se quiséssemos ir de Belém do Pará ao Rio de Janeiro, precisaríamos vir de "Ita", não havia nenhuma estrada por lá. A integração do Brasil, a redescoberta do Brasil, a abertura das novas fronteiras deste país, foi feita a partir da construção da Belém-Brasília, da Brasília-Cuiabá, da São Paulo-Campo Grande e assim por diante. Chegamos então a todos os cantos desses brasis.

Só que as nossas gerações não foram competentes para dotar esse país de um modelo harmônico de desenvolvimento. Mantivemos apenas a visão altamente positiva do desenvolvimento industrial, que nos levava a pensar que só haveria emprego na periferia industrial das cidades brasileiras. Com isso, apesar de, em alguns estados brasileiros, levarmos infra-estrutura a quase todos os municípios, não levávamos oportunidade de trabalho. O que aconteceu? Vou dar um exemplo simples: São Paulo tem hoje 41 milhões de habitantes, tem três milhões a mais do que toda a Argentina. Em 90 municípios que ficam no quadrilátero formado por Campinas, São José dos Campos, Santos e Sorocaba vivem 27 milhões dos 41 milhões de habitantes do estado. Vivem bem, empregados? Não, aí encontramos um dos piores índices de desenvolvimento humano do país, porque não há oferta de trabalho para toda esta gente.

O primeiro passo do nosso programa, dentro de uma visão de compromisso com o desenvolvimento nacional, foi verificar como é que nós podemos devolver aos interiores de todo o Brasil a sua capacidade de oferecer oportunidades a seus filhos. Caso contrário, vamos continuar aumentando a periferia das grandes cidades. Para que voltemos aos interiores, precisamos de alguns pilares extremamente claros.

O primeiro deles, que é fundamental, é o capital humano, em todos os seus aspectos. A nossa visão humanista é que informa o nosso pensamento. Para isso, temos de tratar de forma absolutamente aguda os aspectos de educação, de saúde, de cultura, de segurança pública. Mas de forma nacional e não apenas estadual. A questão de segurança pública hoje não é uma questão apenas dos estados, porque a grande motivação do crime é o tráfico de drogas e o tráfico de armas. E há uma curiosa leniência de toda população com o tráfico de outros produtos. Em qualquer cidade as pessoas compram um disco pirata, uma ferramenta contrabandeada e acham a coisa mais normal do mundo. Ou seja, nós precisamos incluir no debate nacional a defesa dos interesses nacionais e da segurança, e não apenas a proteção policial.

Nós temos uma experiência espetacular em São Paulo, de grande esforço e com resultados muito limitados. Quando Mário Covas assumiu o governo de São Paulo, em 1995, nós tínhamos 55 mil policiais, hoje temos 141 mil policiais, temos 134 mil prisioneiros nas cadeias públicas e nas prisões. Isto resolveu o quê? Diminuiu muito a criminalidade, mas não resolveu o problema. Porque São Paulo não produz drogas, não produz as armas pesadíssimas com que nos atacam os bandidos. Para resolver, é preciso um esforço nacional e este é um ponto central do Programa de Governo.

O presidente da República tem de assumir pessoalmente o controle e o comando de um esforço que una Forças Armadas, reequipamento e melhoria da polícia federal e da polícia rodoviária federal, combate ao crime de fronteira, porque é esta a razão que está motivando a insegurança. Não há mais aquele bandidinho que apenas bate carteira ou coisa parecida. Hoje são todos agentes do tráfico pesado.

Quanto à educação, ficou claro que não podemos nos contentar com a universalização do acesso ao primeiro e ao segundo graus. O que os jovens vão fazer depois de terminar o segundo grau? Nós temos pouquíssimo empenho em ensino técnico e tecnológico. Nós ainda temos um viés universitarista herdado da cultura européia, onde só a universidade é importante. Isso não é mais verdade nem na Europa, mas nós continuamos apegados ao antigo modelo. Não há escola técnica, não há faculdade tecnológica. Em qualquer país rico do mundo hoje — Alemanha, Japão, França, Estados Unidos — metade dos jovens vão para a escola técnica ou para faculdade de tecnologia, e a outra metade vai para a universidade. É assim que se compõe um tecido de oportunidades adequado, sem que isto represente nenhuma limitação para quem fez escola técnica, que pode depois prosseguir seus estudos.

Dos desempregados desse país 44,5% são jovens entre 16 e 24 anos, 44,5%! E qual a tentação que lhes é oferecida? A tentação é a facilidade. Ele sonha comprar um tênis novo, uma camisa de marca ou coisa parecida. Como ele pode realizar seus sonhos se não consegue emprego nenhum? Ele busca as facilidades do crime organizado.

É preciso, pois, que pensemos no primeiro grande pilar: como é que vamos tratar o brasileiro, o ser humano? Com educação, com saúde, com cultura, com habitação, mas com coisas que sejam concretas, objetivas e não apenas discursivas.

Para que isso seja viável é preciso que o homem tenha respeitada a sua dignidade. Se for preciso dar uma Bolsa Família a ele — e é preciso dar sim; se ele está absolutamente à margem de tudo, ele precisa de socorro, não como caridade, mas como solidariedade responsável — mas ele precisa também de uma porta de saída para essa situação. Ele precisa encontrar trabalho, porque só o salário devolve dignidade a ele e à sua família.

Para isso, é preciso que o país cresça aceleradamente e não no ritmo dos últimos anos. Nós estamos apenas na frente do Haiti. Assim não há como criar empregos suficientes para abrigar os que estão chegando a um mercado de trabalho menor, em face da nova estrutura do trabalho no mundo moderno. O recente episódio da Volkswagen é ilustrativo. A mesma fábrica de São Bernardo do Campo, que em 1970 tinha 47 mil trabalhadores, hoje tem 12 mil trabalhadores, produz três vezes mais e precisa demitir 3.800 trabalhadores para ficar viável. Não é maldade da Volkswagen, é um dado de competitividade.

Temos que contemplar não apenas os três milhões de jovens que estão fazendo 18 anos em 2006, mas também a reestruturação do processo produtivo, a nossa capacidade de gerar trabalho e renda. Eu falo propositalmente em trabalho e não em emprego porque uma grande parte dos que vão ter trabalho não terão carteira assinada. O que implica discutir o problema da previdência. Hoje apenas 42% dos trabalhadores têm carteira assinada, 58% não têm.

Um outro grande pilar é o da infra-estrutura, porque para gerar um posto de trabalho é preciso gerar um comprador para o produto desse trabalho. Um caminho fundamental é o comércio exterior. Segundo o Instituto de Pesquisa Econômica Aplicada (Ipea), cada bilhão de dólares de exportação adicional gera entre 60 mil e 90 mil novos postos de trabalho, dependendo do grau de agregação de força de trabalho em cada produto. E esses postos de trabalho criados produzem novos consumidores internos, levando a um ciclo virtuoso. É imprescindível uma política de comércio exterior baseada na produtividade e na competitividade. Estamos sofrendo hoje uma brutal concorrência, no mercado interno, de produtos fabricados em outros países, como a China, que têm condições de preço e qualidade superiores às nossas. Portanto, quando falo em política de comércio exterior, não falo simplesmente em aumentar a nossa capacidade para exportar. Mas também "impedir" — entre aspas, evidentemente, não no sentido de proibir — que importemos produtos do nosso consumo do dia-a-dia. Este é o modelo de que necessitamos. Para isso precisamos de infra-estrutura. Não é com a precária rede rodoviária brasileira atual, que tem 56 mil km, que vamos ter condições efetivas de levar produtos para os portos ou aeroportos. Não temos uma política capaz de resolver os problemas energéticos brasileiros. Os otimistas empurram a crise para 2010 e isto se o Brasil não crescer nada. Os pessimistas dizem que no começo de 2009 já teremos falta de energia elétrica. O Brasil precisa gerar quatro mil mW por ano, ou seja, nos próximos quatro anos precisamos gerar 16 mil mW. O governo não terá recursos suficientes para fazer os investimentos necessários e será preciso atrair a iniciativa privada. Para isso são necessários marcos regulatórios claros. As agências reguladoras brasileiras não podem ser instrumento de política de governo. Elas têm de ser instrumento de uma política de Estado para criar um ambiente de credibilidade, fundamental para quem investe com um horizonte de 20, 30 ou 35 anos. Um investidor que vai ser parceiro do Estado nos programas de Parcerias Público-Privadas (PPP). Em São Paulo conseguimos fazer isso. O primeiro grande projeto de PPP já está sendo implantado: é a Linha 4 do metrô, onde o governo está fazendo uma parte, a iniciativa privada vai fazer outra, investindo quase um bilhão de reais em um programa de 25 anos.

É preciso ter bastante clareza de que não é viável o Brasil ser competitivo internacionalmente se não houver inovação tecnológica. Para isso os nossos centros de pesquisa devem estar efetivamente equipados para, com parques tecnológicos, transferir tecnologia para os setores produtivos.

Nada disso será viável se não tivermos os dois pilares finais.

Em primeiro lugar, uma gestão pública absolutamente responsável e eficiente que seja capaz de promover a reforma política. Na nossa proposta de reforma política, o primeiro passo é a fidelidade partidária que, juntamente com a cláusula de barreira que passa a vigir a partir de 2007, permite coerência nas votações. O segundo passo é o voto distrital, para realmente tirar de corporações a sua força eletiva. Além disso, é essencial um combate eficaz e sem tréguas à corrupção. Dedicamos, no Programa de Governo, um longo e detalhado capítulo sobre esse combate: ou se tomam todas as providências institucionais para isso ou não há condições de avançarmos como nação moderna.

Finalmente, é preciso uma visão clara da macroeconomia, articulada com políticas fiscal, monetária e cambial, para que se possa caminhar solidamente. Garantindo o controle total da inflação, mas garantindo também um câmbio competitivo, uma redução de juros amarrada a uma profunda reforma fiscal e a redução de gastos do governo. Com isso, o governo recupera capacidade de investir — não nos volumes que tinha no passado, mas suficientes para ser âncora e parceiro da iniciativa privada.

Em ambiente de credibilidade em que as regras são cumpridas, em que as agências são respeitadas e fortalecidas, abrem-se condições para dar ao país um mercado de capitais que permita captar recursos para o desenvolvimento da micro, da pequena, da média e da grande empresa.

Este livro foi impresso nas oficinas da
Distribuidora Record de Serviços de Imprensa S. A.
Rua Argentina, 171 – Rio de Janeiro, RJ
para a
Editora José Olympio Ltda.
em novembro de 2006

*

75º aniversário desta Casa de livros, fundada em 29.11.1931